U0912752

叶老师和他的学生们

叶永刚 著

中山大學出版社
SUN YAT-SEN UNIVERSITY PRESS
·广州·

版权所有·侵权必究

图书在版编目（CIP）数据

叶老师和他的学生们 / 叶永刚著. —广州：中山大学出版社，2022.10
ISBN 978-7-306-07588-8

Ⅰ. ①叶…　Ⅱ. ①叶…　Ⅲ. ①诗集－中国－当代　Ⅳ. ①I227

中国版本图书馆CIP数据核字（2022）第125922号

叶老师和他的学生们 Ye Laoshi he Ta de Xueshengmen

出 版 人：王天琪
策划编辑：梁俏茹
责任编辑：潘惠虹　何　娴
责任校对：卢思敏　马　洁
责任技编：靳晓虹
封面设计：广州玖思文化
出 版 社：中山大学出版社
电　　话：编辑部 020-84111996，84111997，84113349，84110779
地　　址：广州市新港西路135号　邮政编码：510275　传真：020-84036565
网　　址：http://www.zsup.com.cn　E-mail:zdcbs@mail.sysu.edu.cn
发　　行：广州市朗声图书有限公司　电话：020-34297719
印　　刷：广东虎彩云印刷有限公司
地址电话：东莞市虎门镇黄村社区厚虎路20号C幢一楼　电话：0769-85252189
规　　格：880mm×1230mm　1/32　13印张　312千字
版次印次：2022年10月第1版　2022年10月第1次印刷
定　　价：68.00元

序　言

（一）

整理完了手中的诗稿，该写一篇序言了。

写什么呢？我问自己。

想写的，太多太多了。

我想起了曾经对学生们的许诺——等到退休的时候，我一定写一本书，书名就叫作《叶老师和他的学生们》。一晃，几十年的人生岁月就没有了，不见了，今年是2020年，我到退休年龄了，我可以对学生们说："叶老师说话是算数的。"

我想起自己曾经对学生们说："你们每个人都写点东西给我吧，我到时候都给你们装进这书里去。"现在看起来，我的这个任务完不成了。

我到目前为止还没有坐下来统计一下，我到底招收过多少博士研究生、硕士研究生。我也无法统计，我给多少本科生指导过论文，给多少学生上过课。

还有，每个学生都给我一点东西，我能收齐吗？即使收齐了，这本书能装得下吗？

还有，我曾经想在这本书里，反映我这一辈子的教学生涯，看来，这也做不到了。

我从小学一年级教到小学六年级，从初中一年级教到初中三年级，从高中一年级教到高中三年级，然后带着学生一起考大学。大学毕业后，我又刻意留校任教，从教大学一年级本科生一直教到硕士研究生，教到博士研究生，教到博士后人员，就只差幼儿园的小朋友没教过了。好在现在家里有了小孙女，可以带着她弥补我没有教过幼儿园小朋友的遗憾。

这么漫长的教学生涯，我要在一本书里记录下来，太难啦！因此，我只能选取其中的主要片段来写了。

（二）

如果将我的教学生涯做一个大致的划分，可以分为三个阶段。

第一个阶段：上大学前，即从1954年到1974年。这段时间奠定了我一辈子当老师的基础。由于我出身于农民家庭，从小在农村长大，所以高中毕业后，按当时的政策我只能回乡当农民。从农民当上老师，我也只能当民办老师，除了在学校上课，周末还需要回生产队劳动。生产队的领导随时随地都有可能要我回家务农。这段时间我从小学一年级教到高中三年级，已经深深地爱上了教师这个职业。

第二个阶段：上大学到评上教授之前，即从1975年到1997年。这期间中国恢复高考制度。这是时代的改变，同时时代也改变了我们的命运。我做梦都没有想到，我可以上大学了。1979年，我考入武汉大学经济系，1983年毕业留校。为什么要选择留校？因为我觉得自己最热爱的工作还是当老师。这一段日子我过得十分艰难，工作十分辛苦，收入微薄。很多人在那个时期坚持不下来，转行了。在此期间我也曾经有所动摇，但最终还是坚持下来了。

第三个阶段：评上教授之后，即从1997年至今。我在

1996年赴美国康奈尔大学商学院进修，1997年回国后从副教授被评为教授，2000年被遴选为博士生导师。此后，我不仅指导本科生和硕士研究生，而且开始指导博士研究生了，一直坚守在教学科研岗位上，直到现在准备退休。

（三）

在这一辈子的教学生涯中，我不断地加深自己对教师这个职业的认识和理解。

过去在农村教中小学时，我曾经给学生们讲过韩愈的《师说》。按照韩愈先生的说法："师者，传道受业解惑也。"这篇文章对我的影响很深，长时间以来，我都是按照这个要求去做的。即使上了大学之后，我也是这样去想去做的。

后来教书的时间长了，慢慢地，就有了自己的一些心得和体会。传道授业解惑没错，但是目的是什么呢？不就是要帮助学生成功吗？不就是要让学生们少走弯路吗？

再到后来快要退休时，对这个问题的理解就更深入一层了，我觉得老师不仅要教给学生"成功学"，而且要教给他们"生命学"。我的第一个博士生黄河的去世，给我留下了极其惨痛的教训。

（四）

以上这些都是我想写的，都是我想告诉学生们的。除此之外，我还想告诉每一个学生，我们不仅要修身，要修心，还需修行，我将这些想法称为"三修论"。所谓修行，就是理论联系实际，就是知行合一，就是生活之树常青，就是要惠及他人及民生！

我还想写的，就是深深地感谢和我一起走过教学生涯的这些学生们，他们和我一起度过了一段又一段的美好时光，攻克了一道又一道的科研难关，分享了一个又一个的胜利喜讯，体验了一个又一个的人生感悟。教学相长，我和学生们一起进步、一起成长……

（五）

我最后想写的，是我写这篇序言的特殊时刻，武汉抗击新冠病毒的战斗已经打响，感谢学生们给我送来深情的问候和鼓励。特殊时期里，我默默地祝愿所有的学生安康，默默地祝愿所有医护人员安康，默默地祝愿所有人安康……

叶永刚

2020年2月9日

抗击新冠病毒之时于武汉

目　　录

第四章　我们相聚在2008

第五章　我们切磋在2009

第六章　我们迈步在2010

第七章　我们奋斗在2011

第八章　我们坚持在2012

第九章　我们跳跃在2013

第十章　我们欢庆在2014

第一章

序曲

那是他的期待

——读袁志辉同学的《珞珈山浅草——记我的导师叶永刚教授》

（一）

记得那是一个下午
凌峰老师给我送来了
一篇短文
说　袁志辉写的　他能写

（二）

我慌慌张张地赶着去开会
嘴里骂了一句
臭小子　怎么能这样干呢
还是来日再收拾他吧

（三）

回到办公室
静静地读着　他写的散文
我被他的文采和他的真诚
感动了
我不准备批评他了
因为我明白那是他
一个年轻的学子
对一个老师的期待

叶永刚
2010年11月5日
于珞珈山

珞珈山浅草

——记我的导师叶永刚教授

就像一棵草的种子，我被风吹落到珞珈山上，是叶老师春风化雨般的教诲和润物细无声的滋润使我成长，因此，这粒种子能够生根发芽，长成一棵浅草。叶老师说，他扎根珞珈山30年有余，已化作珞珈山的一棵浅草。这样成为一棵珞珈山浅草，我与有荣焉。

——题记

四年前的秋天，我——一个河南农村的小伙子来到珞珈山下读书。因为枫园的寝室就在珞珈山的脚畔，所以我可以时常仰望山上的一草一木。两年前的秋天，萧瑟秋风吹落片片银杏叶的时候，我有幸在教五听叶老师讲授金融工程原理。一年前的秋天，那是考研的艰难时期，一个傍晚，在珞珈山的环山公路上，叶老师“风萧萧兮易水寒”的吟唱给了我无穷的动力。现在，又是一个秋天，枫园的枫叶已染上几缕霜尘，我为能够安心坐在叶老师的实验室而忘却几许霜寒。

（一）

一个时代是有其独有的特征的，也会在一代人身上留下印记，20世纪50年代出生的叶老师也不例外。从少年时代的放牛娃到青年时的农村小学教师，再到如今的大学教授，叶老师谱写了一曲生命的欢歌，从故乡的小河，一路飘到珞珈山漫山遍野的丛林间，波澜起伏，却总是欢快轻盈。

泥土的芬芳、河水的甘甜、天空的澄澈，故乡养育了他，他带着故乡的馈赠，将足迹遍布世界，将心血撒遍江河。金黄色的油菜花铺满田野里，轻轻地扑到上面，衣服上就沾满了一片片金黄，抖啊抖，花瓣可以抖掉，花香却早已留在心间。

故乡对叶老师的影响太深。故乡培育了他的开阔胸襟、宽广视野，养育了他脚踏实地的作风，滋润了他授业解惑的拳拳之心，更是独特地赋予他诗人的浪漫品性。叶老师说，村前那条弯弯的小河，日日夜夜，在他心灵深处，唱着一支不屈不挠的歌。

（二）

跟叶老师学习已经四个月有余了，耳濡目染，对他做人做事的风格也有了简单的认识，时常感受到他淳朴的赤子之心、以天下为己任的宽广胸怀。

他时常教育我们：古人讲“达则兼济天下，穷则独善其身”，其实这样的说法不对，应该“达则兼济天下，穷也要兼济天下”。一个人一定要有宽广的胸怀、开阔的视野，这样更容易成功，并且这不仅仅是一个人的成功，而且是全社会的福音。昔日杜甫蜗居成都草堂，但却心忧天下，茅屋为秋风所破时仍能高歌“安得广厦千万间，大庇天下寒士俱欢颜”，诚不能力挽狂澜，救民于水火，但仍能与天下穷苦共命运，因此，诗作得以流传千古，为后人景仰。

叶老师不但教育我们，而且真切地践行了这种人生态度，怀抱一颗赤子之心，为家乡、为社会做着自己力所能及的贡献。离开故乡许多年后，他仍时刻不忘故乡的乡亲。他曾经给村里修了一段路，每当回老家看到人们不用再走泥泞的土路时，他说，很开心。

我们时常感叹叶老师思想的前瞻性。从十年前他将金融工程学科引入中国，并身体力行地在湖北省大力推进衍生金融市场的发展，再到他对宏观金融工程的构想以及一些关乎湖北省乃至全国金融经济发展的战略构想，叶老师总是走在时代的前列，对国计民生的重大问题提出自己的设想，并且一步步去推进。他说，做人一定要有宽广的视野，能想到大多数人的利益，为大多数人谋福利，才是长久之道。我想，思想的前瞻性、深邃性，无不与他的赤子之心有关。

叶老师的胸怀广袤千里，当然，他也不会忽略周围的我们。团队的每个同学，他都能深切地关怀。从人生到学习，再到生活，他为我们讲解自己的人生经验，给我们的迷茫人生点亮灯盏，给我们困顿的学业指点迷津，同时也不会忘记对我们的生活嘘寒问暖，解决我们生活中切实的困难，他甚至不无幽默地鼓励我们去谈朋友。

（三）

叶老师说，做人就要像老黄牛，勤勤恳恳，一刻也不能放松，不要埋怨抽鞭子的人，而要更加努力。这样一种人生态度、做事风格深深地影响着他，而他也真切地践行着这一信念。从一个农村的放牛娃开始，他一步也没有停歇，1979年经历千难万阻，考入武汉大学（简称“武大”）经济系，然后以优异的成绩留校，兢兢业业地进行他最喜爱的金融工程学术研究。每一步都是沉重的，但是他从来没有停下奔走的脚步。

他跟我们讲过一个故事：入读武汉大学后，他参加学校运动会的长跑比赛，很轻松就把别人甩在了后面，大家惊讶他怎么跑这么快，他笑着说，小时候在农村里天天都干这事儿。如今在事业上，他仍然保持着这种长跑的精神、一贯的坚持，一步一个脚印，直到让同行很难看到他的背影。学术上，叶老师孜孜不倦，潜心钻研，一步步成为教授、博士生导师，乃至全国金融工程领域的泰山北斗。知天命之年，仍精神矍铄，接任经济与管理学院副院长，从事较为陌生的行政工作，依旧是勤勤恳恳。

学术研究是叶老师最醉心的事业，为此，他时刻保持高度的责任心和敏感度，关注学术研究的前沿领域，在书斋里完成了一系列产生广泛影响的金融工程研究专著、论文，并且以强烈的社会责任感关注社会发展的进程，将金融工程理论恰当地融入实践，以此造福社会，推动经济发展。

老黄牛在田野里拉着犁铧，种子知道它渗透在肥沃土壤里的一滴滴热汗。当耕耘完一片热土，老黄牛可以望向远方的旷野，长哞。叶老师在学术里执笔，读者会知道他融化在书页里的滴滴心血。当完成一个项目的研究，他可以望着满天的繁星，舒啸。

盘旋在天上的雄鹰，感觉不到飞翔，只知道身边空气的流动，它只是喜欢飞翔。

（四）

韩愈说："师者，传道授业解惑也。"但是叶老师却认为韩愈没有回答一个关键性的问题，那就是为什么要传道授业解惑。老师一定要能指引学生全面发展，保持高度的责任心，为天下育英才，以此推进社会建设。叶老师已经在讲台上奉献了30多年的光阴，而且他还将继续奉献。

"文革"期间，叶老师正当青春，怀抱着对读书的渴望以及对教育的热情，他当上了农村的一名普通老师。从武汉大学毕业后，他留校成为一名大学老师。时间在变，地点在变，但是唯一不变的是他对教育事业的热情。

叶老师讲课很风趣，又鞭辟入里、通俗易懂。作为教授、博士生导师，同时又是副院长，叶老师的工作已经很忙很忙了，但是他却坚持给本科生上课。我很荣幸在两年前的秋天听到了他的课。他讲课的方式很特别，在每堂课的开始，他会拿出5分钟给我们分享一种事物，叫作“开心一刻”。每次他讲的都不一样，但是却无一例外地离不开武大，他总是别具匠心地收集珞珈山的物种与我们分享。我们惊讶又很惊喜地发现，原来珞珈山有坚硬的松果，有隐藏很巧妙的野柿子，还有珞珈广场上的桂花王。武大的一草一木、一点一滴，在他的课堂上都可以激起欢乐的笑声。欢乐不仅是一种心态，更是一种生活态度，叶老师阳光的心态，通过短短的几节课，感染了每一个人。

金融工程是一个新兴学科，理论复杂艰深，但是在叶老师的课堂上，他却能妙趣横生地向我们娓娓道来。他可以用一个茶杯，深入浅出地讲解复杂的期权、期货、远期合约等基本衍生金融工具，以及无套利分析等基本的分析方法，使我们很快抓住问题的关键，掌握深奥的前沿理论。

叶老师的课堂还有一个特点——理论与实践结合。他会结合自己的体会并请金融机构的友人给我们讲解金融实务，引导我们理解理论，用理论来分析解释经济金融现象。通过这样的一个过程，我们对知识的理解和运用都更深入。每次上课，教室总是座无虚席，甚至有很多别的系的同学来旁听。我们知道，叶老师的课早已成了学生心田的甘露和阳光。

无论头衔有多少，无论社会职务有多忙，叶老师都深深地知道他首先是一名老师。所以，我想你任何时候进入叶老师的课堂，都会被他阳光的心态和教书的热情感染。

（五）

其实，很少有人知道，叶老师还是一位诗人，一位善于从独特的视角观察社会生活、体验自然风貌的诗人。至今为止，他已经出版了3本诗集——《故乡的小河》《珞珈山浅草》《我走过天山》，通过诗集讲述他的所见、所感、所想，第四本诗集也在筹备中。

在《故乡的小河》中，我们可以看到一个永远长不大的农村放牛娃；在《珞珈山浅草》里，我们可以看到一个有着深厚的珞珈情节的武大人；在《我走过天山》中，我们可以看到一位粗犷豪迈、热心新疆事业的边疆建设者。不一样的世界、不一样的角度，却无一例外地向我们展示了一个作为诗人的叶老师。

一个诗人，也许最珍贵的并非文字，而是"诗心"——一颗赤子之心、一颗宽容之心、一颗灵感之心。"诗心"不仅感悟辽阔的大地、奔腾的河流、欣欣的草木、悠扬的鸟鸣、皎洁的月光，也感悟内心的悸动、灵魂的慰藉、思想的火焰。叶老师不仅把万物融进"诗心"，而且把一颗阳光欢快的"诗心"展现给我们。沐浴在诗歌的河流，心会淘涤掉尘垢，变得清澈、清爽、清新。

每一个生活在世上的人都苦，都累，因此，每一个人都需要安慰。有人要靠亲友来获得安慰，有人要靠音乐来获得安慰，有人要靠抽烟、喝酒、打牌来获得安慰，而叶老师选择用写诗的方式来获得安慰。于是，"在没有窗户的墙上开窗，看没有看过的花儿开放，听没有听过的鸟儿歌唱"。

诗人的气质影响了叶老师的人生态度、做事风格，也强烈地感染了他周边的人，因为在他的笔下，石头也想在秋天结出累累硕果。

（六）

暮秋时节，珞珈山已然是一片萧瑟，落叶在风中飘零，浅草也早已枯黄了身躯，然而就像智者“博观而约取，厚积而薄发”，浅草是在积蓄能量，待到春色遍野时，它在丛中笑。

能跟着叶老师学习，不断体悟做人做事的学问，对我而言始终都是莫大的恩赐。这样，我便坚定了，当初考研时毅然放弃北大留在珞珈山是多么的正确。为此，我愿化作小草，潜伏在珞珈山，只为那场圣洁的沐浴！

武汉大学经济与管理学院2010级硕士七班　袁志辉

2010年11月4日

于工程与风险管理中心

第二章

我们走进2006

三月的樱花

(一)

你从三月的夜晚走来
你走在夜色笼罩的树下
你说
你想看一看　并且用手　去摸一摸
开在黑夜中的那一朵白花

(二)

第一声春雷　响起
响起的时候
我正站在细雨之中的树下
我看见三月的樱花
积压已久的激情
一下子　一下子在枝头迸发

(三)

微风从枝头吹过
没有一朵　哪怕一朵小花
肯从树上飘落
我撑开一把雨伞
我的脚步　在树下的草地上轻踏
奇怪　我看朵朵花瓣
居然在我的伞顶上飘洒
我周围的草地上
也有一朵朵的小花

飘飘扬扬地落下

正在我疑惑的时候
有一群学生在我的身边大喊
是它是它

原来是一只鸟儿
为了这春天的气氛
故意　将一朵一朵的花朵
从枝头啄下

（四）

下课了
我们在蒙蒙的细雨中
迈着匆匆的步伐

连我们自己都笑了
我们像在行军
哪里像在看花

叶永刚
2006年3月11日
于珞珈山

忆起了枫园的春天

我和你一起
曾坐在白云之下的阳台上
一杯浓浓的
浓浓的绿茶泡着
泡在我们彼此的心田

我们望着
望着眼前的青山
我们望着
望着远处的绿水

我们就像
两只天边的飞雁
缓缓地飞翔
飞翔在
蓝天碧水之间

我们谈着课题
我们议着论文
我们在美丽的枫园
想象着像枫园一样美丽的明天

还能回来吗
远方的朋友
还能像那时一样

我们呆呆地
望着　并且
想象无边

叶永刚
2006年3月12日
于珞珈山

我告诉你樱花的消息

你在遥远的地方
已经睡着了吗
我正在樱花树下
听着樱花
在和夜空的星星
悄悄地说话

你在遥远的地方
听见了吗
我正在告诉你
樱花正像雨丝一样
在我的头上
纷纷扬扬地飘洒

你在遥远的地方
想到了吗
我正站在樱花大道的远处
看着樱园的灯光
透过树林
仿佛照见了你的脚步
正在林中浅踏

你在遥远的地方
想回来了吗
我真想

你能够回来
重新漫步在樱花树下

叶永刚
2006年3月16日
于珞珈山

信誉

你之所以能够建造
一座耸入云天的大厦
是因为你嵌入的每一块石头
每一片砖瓦
都能时时让人赏心悦目
都能处处经得起摩擦甩打

叶永刚
2006年3月28日
于珞珈山

讲课

站在讲台上讲课
其实是在面对观众
朗诵一首诗作
朗诵的过程中
将会迸发出许多
许多的思想火花
讲课的过程
就像在思想的湖面上
刮起了一阵阵的强风
让宁静的湖面
不再宁静
从而翻滚出朵朵的浪花

下课之后
趁湖面还未宁静之时
我用我的双手
尽快地将这些浪花
留在我的纸笺之上
于是　便有了课堂的诗作

课堂的诗作
也可以是一个无限的空间
我在课后的时间里
常常在这个无限的空间漫步

由此可见
教授与诗人
可以并行在
林中的同一条小路

叶永刚
2006年4月1日
于珞珈山

星空之下

我想起了遥远的你
我记得那个夜晚
你指着星空　对我说
我们就像
夜空的星星
其实很远很远
看起来　却很近很近

叶永刚
2006年4月10日
于珞珈山

露珠与太阳

是的　我只不过是
早晨　草尖上一滴细小的露珠
可是　它的眼睛里
却闪耀着　一轮红亮亮的太阳

叶永刚
2006年4月11日
于珞珈山

走进教室的一刹那

走进教室的
那一刹那
我忽然感到
讲台下　那一双双
注视着我的眼睛
就像黑夜的森林之中
燃烧的一片火把

我抑制不住
内心的激动
我不说话了
我沉默地　走近窗口
拉开白色的墙壁上
那一片深红色的窗纱

我要让窗外的阳光
奔流而入
我甚至还想捧来
远山顶上的那一轮红日
在每一个人的心窗
轻轻地放下

叶永刚
2006年4月22日
于珞珈山

刺莓

我用我的双手
轻轻地拨开
带着刺的绿叶
我惊喜地发现
一颗一颗
红宝石一样
闪亮着的刺莓

小心翼翼地采摘
放置于我的掌心
就像放置着一颗
无比昂贵的钻石

哪里舍得
残忍地吞咽
我抬起头来寻觅
我看见山路上
闪动着红色的衣裙

我真想将它
送给路上的来人
让来人也来和我一起
分享这无比的欢欣

我不敢

因为我知道
如果我这样做了
路上的行人
一定会这样想
采摘这野果的
莫不是一个
彻头彻尾的怪人

我想起了
远方的朋友
和那一群
与我朝夕相处的学生
我多么希望
此时此刻
他们能够来到这里
一边采摘着林中的野果
一边抒发　热爱珞珈的激情

我从随身的书包里
掏出一张报纸　摊开
我采下一颗又一颗
鲜亮的果子
堆起一座
光芒四射的峰
我要将它
捧回我的书案
留待着放假归来的人群

让他们显露
一双双惊喜的眼睛

叶永刚
2006年4月25日
于珞珈山

谁给我添加了杯中的茶水

我离开课堂的时候
我记得我杯中的茶水很浅
我走进课堂之后
我发现眼前杯中的茶水很深
谁给我添加的(有人举手)

谢谢你了
我一边说着
一边真诚地
看着他的眼睛
我在想
我不能因为
我是一个老师
就对他的帮助
视而不见　或者
置若罔闻

因为我非常清醒
尽管他是我的学生
可是在人格上
我们却相互平等

因此
我应该感谢他
他为我倒了茶水

我就有了一份愉快的心情
我在想
如果一个人
能够以这种平常人的心态
去对待身边的每一个人
那么当他去做某些事情
某些要靠很多很多的人一起去做
才能完成的事情的时候
在他的身边
就有可能伸出
无数双手
去帮他策划
去帮他执行

叶永刚
2006年4月26日
于珞珈山

课堂上我们享受着幸福的时光

我们坐在敞亮的课堂里
我们拉开窗帘
让窗外的阳光
和我们一起
坐在课堂里听讲

我们捧着书本
我们在课堂上
认真地听着老师的指点
而后我们紧接着讨论
甚至争吵　连窗外的青山
也从窗口　探头探脑
看着湖边的教室里
为什么如此热闹

我们的思想
在我们可爱的课堂上
张开舒展的翅膀
自由自在地飞翔
我们感觉到
我们的教室
似乎没有屋顶
我们的头顶上
有着朵朵白云飘荡

我们偶尔抬头
看着窗外的湖光山色
绿叶青枝缝隙中的湖水
一浪接着一浪
拍打着远处的青山

我们感到了
这就是我们
最幸福的时光
尽管我们现在
还一无所有
可是我们
在课堂上获得了
快乐无比的奖赏

我们的老师
此时站在课堂上
对着我们大声地宣讲
这样的时刻
真叫我们感到幸福难忘

叶永刚
2006年4月26日
于珞珈山

在枇杷熟了的日子里

亲自
爬上树梢
采一枝枇杷
插在案头的瓶中
让枇杷的绿叶
在瓶中伸展
让金黄色的枇杷果
仍然在枝头闪亮

我仿佛将珞珈山
搬进了我的小屋
我仿佛将果树
植进了我的房间

我在闪耀着
金黄色的枇杷果的树下
摊开了学生的毕业论文
我开始埋头审阅
并且用铅笔
小心地写上
一个又一个的记号
我感觉到
我正在高大的
枇杷树下
我的一树

金黄色的枇杷果
也熟了
我真想
躺在枇杷树下
做一个金黄色的梦

叶永刚
2006年5月11日
于珞珈山

山和鸟

有一座大山
找到了一只　又一只
属于自己的鸟儿

有一只鸟儿
找到了一座　仅仅一座
属于自己的大山

叶永刚
2006年5月17日
于珞珈山

学位授予

我们在太阳之下
面对着眼前
一张一张的笑脸
授予着学位证书
以及神圣
以及庄严

我们在太阳之下
面对着东湖
看见了附近
金光闪闪的波浪
看见了远处
一座一座的青山
正在拔地而起

叶永刚
2006年6月8日
于珞珈山

家与教室

家
在山的这边
教室
在山的那边

两只脚
每天每天
在高高的山坡上
划着两条长长的弧线

就像两道
美丽的彩虹
高高地悬挂
在我头顶上的蓝天

叶永刚
2006年6月13日
于珞珈山

我想对学生说

捧起你的书本来
静心地阅读吧
抬起你的脚步来
深入地调研吧
握起你的笔杆来
在夜深人静的时候
伏在案头
辛勤地耕耘吧

我宁可
当你们在校的时候
在你们的耳边
唠唠叨叨　喋喋不休
让你们觉得讨厌
也不愿
在你们走出校门的时候
因激烈的竞争
而止步不前

叶永刚
2006年6月14日
于珞珈山

阅卷者之思

阅着那一个仲夏的雨夜
布谷鸟在窗外鸣叫
我们一起沉浸在
六月的江南

阅着那一个深秋的下午
雄鸡在林中高唱
我们一起回忆
八月的乡村

阅着那一个春天的早晨
山花在漫山遍野开放
我们仿佛又走在
山林深处
一起采摘着
鲜嫩的蘑菇

阅着那一个冬天的傍晚
课堂里充满着春天的气氛
那争取发言而高举的双手
依然在我的眼前晃动

阅着那一双双渴望的眼睛
我深知那一双双眼睛
不是在望着我的眼睛

我的嘴脸
而是在望着
我们的身后
那一片知识的天空

叶永刚
2006年6月14日
于珞珈山

送给曾经哭鼻子的你

——给一位硕士毕业生

看着你那张笑脸
笑得很甜很甜
想起你哭鼻子的那时
时间真快
一晃就是两年
带着你那玫瑰色的想象
你将去到那老远老远的海边
那里有着灿烂的阳光
喧闹的人群
林立的高楼
闪亮的沙滩
湛蓝湛蓝的海面

做一只勇敢的海鸥吧
还是像过去那样
一边哭着鼻子
一边仍然
勇往直前

叶永刚
2006年6月17日
于珞珈山

课堂上的心愿

我走进课堂
拉开窗帘
我告诉大家
今夜没有月光

我说
我希望今夜
有一轮圆圆的月亮
挂在你的窗前
我希望你走出课堂后
酣睡在你的床上
你会想
今夜的课上
你的收获甚丰
你今夜的睡眠
一定会很香很香

不仅如此
我还希望
你在课堂
还会有更多的想象

你就静静地
听吧　听我接着
讲下面一章

我要让你
听完这一章之后
再回到你的窗口

你在窗外皎洁的月亮下想
今夜不仅学到了知识
而且感觉到了
一种从未有过的享受
像听音乐一样

你会想
你今夜的睡眠
还会很美很美
就像浸透着
窗外的月亮
连梦境
都格外地明朗

叶永刚
2006年6月19日
于珞珈山

七月的夜晚(之一)

夜空的一弯新月
之所以如此明朗
是因为我们今夜
正带着田野上丰收的喜悦
兴高采烈地
离开课堂

叶永刚
2006年7月19日
于珞珈山

七月的夜晚(之二)

无数的学生
像天上的云朵一般
已经飘远
离开了
这火炉般的校园
等一等再走吧
我的研究生们
等我们读完了这沉甸甸的一本
我们再去远方游玩
那时候
我们会说
正因为我们
攻克了这一道难关
所以我们在旅途上
有着格外的心欢

叶永刚
2006年7月19日
于珞珈山

七月的夜晚（之三）

七月的夜晚
带着一群自己的学生
在火热的晚风之中
夜以继日地加班
生怕学生甩手不干了
在这个世界上
最有可能
获得成功的
是那些极其聪明的人
而他们还废寝忘食地苦干

叶永刚
2006年7月19日
于珞珈山

山林之中伸展的脚印

珞珈山
山林之中伸展出
一串一串的脚印

有一串脚印
伸向了无边的草原
珞珈山便有了
草原的辽阔

有一串脚印
伸向了遥远的沙漠
珞珈山便有了
沙漠的浩瀚

有一串脚印
伸向了连绵的高原
珞珈山便有了
高原的壮美

有一串脚印
伸向了蓝色的大海
珞珈山便有了
大海的无边

一串一串的脚印

如针如梭
引针穿线
让珞珈山
连接着茫茫宇宙

叶永刚
2006年9月3日
于珞珈山

我们在临湖的课堂上

我们是云中的小鸟
我们朝着
湖的那边远看

我们看见了
伟人的身影
仍然在湖畔对岸
仍然在那里沉思
仍然在那里默想
仍然在那里盘桓

我们感觉到了
我们的翅膀
忽然变硬变宽

我们用自己的尖嘴
琢磨着　自己的羽翼
看着自己的羽翼
是否像大鹏
一样丰满

叶永刚
2006年9月16日
于珞珈山

我挺立在秋天的课堂上

我挺立在
二〇〇六年的秋风之中
讲课　滔滔不绝地
我知道我终有一天
会在飒飒的秋风之中
飘落　像秋叶一样轻轻地

因此
我加倍地珍惜
在课堂上的每一分每一秒
让我所讲授的每一点每一滴
都能像一根接着一根的火柴
燃烧起学生们的心中
一团熊熊的烈火

叶永刚
2006年9月17日
于珞珈山

种树者的收获

难道种树的人
只有等到树上
结了果子
才算是收获吗

难道挥舞着锄头
在地上挖坑
并且插上树苗
一天天地期待着
树苗在阳光之中
茁壮地成长
就不算是收获吗
种　也是收
懂吗

叶永刚
2006年9月23日
于北京

教授笑看着自己的学生

毕业的学生
在离别母校
十多年以后归来了

你还能
叫出我的名字来吗
一个学生调皮地发问

教授看着
那一张笑脸
教授想起来了
那一个学生
在毕业后
给教授写了一封长信

其中有一句话
是这样说的
我们多么希望
我们敬爱的老师
在穿着和打扮上
也像心灵和学问一样
美丽而又楚楚动人

叶永刚
2006年9月24日
于珞珈山

那是一只永远微笑着的蜗牛

题记：2006年10月15日，在院四会议室，韩志广同学在黑板上画了一只蜗牛，并在旁边写上两个大字：压力。这是一只有压力而又乐观向上的蜗牛。

谁人不是
像蜗牛一样
背负着
生活的重压

而此蜗牛
非彼蜗牛也
它依然昂首微笑着
顽强地向上攀爬

叶永刚
2006年10月15日
于珞珈山

课堂上的那一张嘴

当你张开的时候
你告诉台下
这是什么

当你继续的时候
你告诉台下
这是为什么

当你讲到高潮时
你告诉台下
它的前沿在哪里

当你离开讲台之前
别忘了告诉台下
如果要有作为
你还得去实践

叶永刚
2006年10月28日
于珞珈山

十月的太阳

昨晚的夜空
有一弯明朗的新月
那弯新月为一对新婚夫妇而亮
我在那弯新月之下
为他们证婚
并为他们
深深地祝福

今天的天空
有一轮灿烂的太阳
这轮太阳为我们而亮
北京传来了消息
八十二个日日夜夜的奋战
我们的课题已经冲过了
第一道难关

我马上拿起电话
告诉我的弟子们
我们一定要冲过
下一道难关
而且提醒他们
二〇〇六年十月
最后一天的这一轮太阳
格外地明亮

放下电话
我看着窗外的山野
我想看看
大地上的秋风
是否也在为我们
摇旗呐喊

叶永刚
2006年10月31日
于珞珈山

十月最后的一个夜晚

这是二〇〇六年十月
最后的一个夜晚
今夜本来无月
今夜的月亮升起来了
今夜的月亮为我们而升

我们在湖畔的夜晚
仔细地看吧
今夜的月亮
飘浮在无边无际的天空
多么明朗

曲锴　数一数吧
今夜是第几个夜晚
曲锴大声地说道
第八十二个夜晚

没错
八十二个日日夜夜
我们日夜都在奋战

今夜的月亮
是我们爬上陡峭的山峰
挂上天空的

挂在天空的月亮
是给我们挂上的
一枚弯弯的勋章

今夜在东湖之畔
我请大家看天上的月亮
今夜的月亮　尽管很亮
可仍是一弯新月
今夜的月亮
还没有圆满

今夜的月亮告诉我们
我们还将面临着一场
残酷的血战

十天以后
我们的课题
还将在北京答辩
全国的竞争对手
将再一次鏖战沙场
旌旗猎猎
逐鹿中原

我们相信
十天后的月亮
一定还会升起
一定会为我们而圆

我们期盼
我们渴望
可我们不能坐等
因为所有的参战者
都在枕戈待旦

如果说
我们的第一场战役
是出奇制胜
那么这一场战役
我们必须
稳操胜券

我提议
我们将这次行动计划
叫作长城行动计划
我们要用我们的切实准备
构造出一个接一个的研究报告
我们要让自己的报告
将一块接一块的砖瓦
筑造成一道坚如磐石的铁壁铜墙

等到我们夺取胜利的那一天
我再请大家
到这里来看
夜空的月亮

那一天的月亮啊

一定会很圆很圆
我们坚信
那一天的夜晚
一定会给我们挂上
那一枚圆月的勋章

叶永刚
2006年10月31日
于珞珈山

腰杆

记得初上讲台时
我的腰杆挺得笔直　笔直
那是因为　我要用笔直的腰杆
努力表现自己

现在走上讲台
我的腰杆一个劲地前倾　前倾
那是因为　我要用前倾的腰杆
认真倾听别人

叶永刚
2006年11月19日
于珞珈山

我爱东湖

我背起书包
像学生一样
沿着东湖之畔
慢慢地环绕
我趴在湖边
打开书包
将心爱的东湖
细细地包装

我走进课堂
展开我的书包
将美丽的东湖
捧在 每一个人的手上

我趴在湖边
翻开诗笺
将心爱的东湖
小心翼翼地收藏

我走进教室
抖落诗页
将美丽的东湖
搁放在每一个人的心上

叶永刚
2006年12月9日
于珞珈山

冬夜

今夜
风雨正在窗外
敲打着我的窗门
我在窗前备课
妻子已经在被窝中
发出了熟睡的鼾声

睡意袭来
我的眼皮开始下沉
我清醒地知道
我还不能入睡
因为我还没有准备好
明天要上的课程

我起身走进厨房
从冰箱中拿出了冰棍
我慢慢地咀嚼着
与瞌睡做不屈的斗争
我的眼前渐渐地浮现了
一双双渴望的眼睛
我在想　让每一双眼睛　在课堂上闪闪发亮
这就是我　一名教师的使命

叶永刚
2006年12月10日
于珞珈山

十二月的阳光下听学生演讲

捧着一杯浓浓的热茶
慢慢地品着
听着可爱的学生们
在小小的课堂上
大声地演讲
忽然
有种感觉前所未有
但见远处一群雪白的沙鸥
正从湖面上飞来
飞过了窗口
飞进了课堂
飞落在了
我的心上

叶永刚
2006年12月23日
于珞珈山

十二月的阳光之下

十二月的阳光　灿烂地
照耀着湖畔的一扇小窗
窗外有一棵
古老的香樟　叶片墨绿
旁边还有一棵
高大的悬铃木　叶片金黄
从绿叶和黄叶
交叉的树缝望去
碧波荡漾
白雪一般的沙鸥
正在湖面上飞翔

叶永刚
2006年12月24日
于珞珈山

第三章

我们漫步在2007

三月的田野

仍然穿着冬装
踏进三月的田野
三月的田野说
归去来兮
这里只允许
春天的衣着

仍然揣着书本
踏进三月的田野
三月的田野说
归去来兮
这里每一棵小草
都是一部深奥的著作

仍然独自一人
踏进三月的田野
三月的田野说
归去来兮
只有那些结伴而行的人们
才有可能真正懂得
田野上的欢乐

我们穿着
春天的衣裳
我们手牵着手

在三月的田野上
一边走着
一边歌唱
三月的田野说
归去来兮
三月的田野
需要来这里的每一个人
静静地融入
这里的浅草
这里的绿叶
和这里　流淌着的小河

我们走在三月的田野
我们让自已的脚步和心灵
就像三月的春风
和三月的阳光
在田野的每一寸土地上
轻轻地
轻轻地触摸

叶永刚
2007年3月10日
于珞珈山

四月的野蔷薇花

四月的早晨
我走在山下
我看见山腰的丛林之中
有一片白色的云霞

我爬了上去
才发现那不是云霞
那是攀缘在灌木丛中的
一簇野蔷薇花

白色的花朵
盛开在灿烂的阳光之下
花瓣中微笑着的花蕊
引来了无数的野蜂
采蜜　并将花朵散发的香甜
飞送到山上山下

风儿吹来了
风儿摇晃着
摇晃着洁白的花朵
就像摇晃着
摇篮中白嫩的娃娃

鸟儿飞来了
鸟儿歌唱着

歌唱着野趣的花丛
就像歌唱着
舒展在林中
一幅精美的油画

我轻抚着晨风中的花朵
又回到了远方的田野
四月的野蔷薇开放了
盛开的野蔷薇
惹来了一群又一群
高歌不停的青蛙

一群年轻的姑娘
手捧着晨读的书本
谈笑着
从花丛中走过
有人拾起地上
一朵美丽的野蔷薇
放在手中的书页之中
让野蔷薇的花香
在一行行的文字中散发

我抬起头来
遥望着美丽的东湖
美丽的东湖
在蒙蒙的薄雾之中
就像一朵　白色的
盛开着的野蔷薇

我抬起头来
仰望着蓝色的天空
天空中的朵朵白云
全都变成了
一朵又一朵
盛开着的　白色的
野蔷薇

我放眼四顾
无边无际的大地上
无数的野蔷薇
正开放在　四月的晨风之中
我沉醉了
在这四月的早晨
在这美丽的珞珈山中
我沉醉在野蔷薇的世界

叶永刚
2007年4月20日
于珞珈山

在蓝天之下备课

从案头抬起
昏沉沉的头来
穿过走道　开窗
凝视着窗外
蓝天之下
迷人的风光
山坡上的翠竹　一丛丛
朝着空中的云朵
张开着臂膀

透过竹林可以发现
有一棵大树
挺立在树林茂密的山岗
一株粗壮的青藤
攀缘在高高的枝头
微风吹过藤蔓
繁星般的白花
在风中轻轻地摇晃

转过身来
又一头钻进
我的案头
明天　在讲台上
愿我的每一句讲授
都像窗外的翠竹　一样的鲜亮

都像山岗上的大树　一样的挺拔
都像藤蔓上的花朵
闪耀着洁白
而又耀眼的光芒

叶永刚
2007年4月21日
于珞珈山

四月的早晨(之一)

细雨洒绿了昨夜的梦
梦醒了　雨也停了
翻山越岭　踏进课堂
想让眼前的每一个听众
都变成梦见的鸟儿
在春天的田野上
飞翔
或是寻觅

想让我的每一次讲授
都如小溪的春水
在山坡的林中
淙淙地流淌
无数的杜鹃花
在流水声中开放

想让我的每一节课
都像是昨夜的梦乡
让我们师生一起
在绿色的梦境中
展开无限的想象

叶永刚
2007年4月22日
于珞珈山

四月的早晨(之二)

踏上阳光
和草尖上的露水
翻山越岭　朝着
我上班的地方　走去
春雨过后的林中小路
湿漉漉　踩着
就像在用我的双脚
轻轻地揉着
一团泥面　泥土
散发着山花落地后的芬芳

我忽然忆起了
湖畔林中那几棵挺拔的野枇杷
那一年的傍晚
我曾经带着一群弟子
像猴子一样
在树上攀爬
然后　我们一边讨论
一边分享着　我们从树上
采下的果实和收获的快乐

我撒开双腿
几乎跑起来
我向湖畔那片林子
冲去　我又看见了

满树青色的果实中
有几颗已经成熟
在晨风中
披着湖面上升起的
万道朝霞

我马上掏出
移动电话
我要将四面八方的弟子
尽快召回
在这个黄金周里
让他们回到湖畔
一边写作文章
一边来到林中
采摘金色的枇杷

叶永刚
2007年4月30日
于珞珈山

盛筵

——记朱堰徽

小朱　你记得吗
就在那一年
我带着你和大家
一起去山东调研

那家酒店的早餐
有许多美食可选
那天晚上　我俩住在了
同一个房间
深夜的时候
你竟然辗转难眠
你激动地对我说
叶老师　你知道吗
我只要一想到
明天早上的盛筵
我就抑制不住
内心深处的喜悦
因为我从来没有见过
这么多
这么多的美味海鲜

叶永刚
2007年5月3日
于珞珈山

五月的早晨

（一）

跳起来
抓住林中五月的枝头
一束束金黄的野枇杷
采摘着果实
和透过林中绿叶的
金色阳光

撑破了
上衣左边的口袋
又拾起　塞进
上衣右边的口袋

我想象着
正在节日加班的弟子们
看见我亲手采摘的枇杷
那阳光一般的笑脸

（二）

由于鸟儿
用歌声引领
我抬起头来　仰望
浓荫蔽日的树林
每一棵　每一棵树
都挺直着胸膛

将自己的头颅和臂膀
高高地伸向蓝天
于是　树林拥抱着
在风吹雨打之中　日渐耸立入云

叶永刚
2007年5月4日
于珞珈山

五月的言论

今年的五一
我们站在
高高的珞珈山顶　发言
我们要让
我们的声音
传遍华夏大地
让地上哪怕一棵小草
也会瞪大惊奇的眼睛

明年的五一
我们将会蹲在
奔流不息的江边　演讲
我们要让
我们的声音
流向五洲四海
让全世界的耳朵
都竖起来
聆听

叶永刚
2007年5月4日
于珞珈山

五月的课堂

换一换吧　朋友们
换一个更敞亮的地方
把电灯拉开
把窗帘拉开
把窗门推开
让灿烂的阳光淌进来
让绿色的树叶照进来
让荡漾的碧波扑进来
让远处的山影溜进来
我们轻轻地揩
揩干净桌面上的灰尘
我们拿来一包珍贵的茶叶
我们再去取一壶
滚烫滚烫的开水
我们泡茶
我们泡一杯浓浓的春茶
让茶香　像窗外的湖水一样
在我们的心头轻漾
然后我们开始上课
我们的课程
从杯中的绿茶讲起
我们说
茶道　就是人道
我们说
喝茶就要喝出

春天般的心情
就要感觉到
春风正拂过我们的枝叶
我们的枝叶上
正趴着一只绿色的蜻蜓
然后　我们开始
讲到教材
教材上写着
几个醒目的大字
金融工程
我们说
我们的金融工程
也是阳光工程　也是绿叶工程

叶永刚
2007年5月4日
于珞珈山

收获的日子里

当一棵树
结出果实的时刻
有人站在树下
他望着树上的果子
眼眶中
涌出了滚滚的泪花

莫不是
他在想啊
唯有他自己
种树的人
才知道种树者
不尽的酸甜苦辣

他知道自己
丰收的
是沉甸甸的果实
失去的是果实中
已经逝去的年华

叶永刚
2007年6月2日
于珞珈山

梅溪杨梅山

——2007年6月22日游余姚梅溪杨梅山

（一）

树上的杨梅
从蓝色的大海边
传来了热情的呼唤
我来了
我不能等待

（二）

带露的果子
在六月早晨
在灿烂的阳光之下
闪烁着
一双双深情的眼睛

（三）

用杨梅草
垫起的小筐
盛下了一颗颗
宝石般晶莹透亮的果实
盛不下农家
比果实更为珍贵的热心肠

（四）

爬上浓密的枝头

用自己的双手
摘下被露水沾湿的果子
和天空中
来不及隐退的晨星
我和杨梅林一起
变成了南国天空中的记忆

（五）

飞机
从采摘杨梅的地方起飞
降落在我讲授的课堂附近
捧一颗颗宝石般的果实
让年轻的嘴巴
第一次像这样新鲜地品尝
然后告诉他们
生活中到处充满了
还未品尝过的果子
以及还未沐浴过的阳光

叶永刚
2007年6月24日
于珞珈山

七月的雷雨

在轰隆隆的雷声之中
和闪亮亮的闪电之下
七月的雷雨
痛痛快快地
朝着江南的大地
泼洒
泼开了
尘封的记忆

我们穿着透亮的尼龙雨衣
走在山坡的田野上
我们在田野上
用锋利的剪刀
将长长的红薯藤
剪成了一小截　一小截

彩虹从山梁上升起来了
让我们的心情
就像雨后的天空
一样的明朗美丽

七月的雷声在湖畔
轰轰隆隆地响着
七月的雷雨在林中
淅淅沥沥地下着

我走在珞珈山的小路上
就像走在故乡的土地上

我们栽插着红薯
我们将欢乐的笑声一起埋进泥土
希望着秋后的收成之中
也留藏着我们在汗水和雨水中的笑容

太阳从山的背后
露出了笑脸　笑看着
我们这一群欢乐的落汤鸡

我们栽插着红薯
和闪亮闪亮的雨滴
我擦一把脸上的雨水　大踏步地
走向湖边的教室

我要面对在酷暑之中
奋斗的学生
大声地喊叫
下雨了　让我们在七月的雷雨之中
加油　并留下
无比美好的记忆

叶永刚
2007年7月3日
于珞珈山

汗水之河

我们蹚踏在
我们自己的汗水
流淌而成的
河流之中
走过了二〇〇七年
赤日炎炎的盛夏

叶永刚
2007年8月11日
于珞珈山

教师节思绪

（一）

云端　云端
一端在故乡
在故乡的中学课堂上
那位语文老师说
孔子曰
得天下英才而教育之　亦乐也
所以
我当老师
我站在这里
高高兴兴地
给大家上课

（二）

一端在《师说》
韩愈老先生说
师者　传道受业解惑也
还有一句
也许韩老先生
当时有急事
顾不上说
所以未说
传道受业解惑
目的何在
助力学生成功也

（三）

一端在课堂
我站在课堂的讲台上
滔滔不绝
我还是我吗
我仅仅是我吗
我在问我自己
阳光从窗外照进来
照亮了学生们的眼睛
我明白了
此时此刻
只要我走进教室
只要我踏上讲台
我就是光明的化身
我就要将思想和知识的阳光
照进学生们的眼睛
并且融入学生们的心灵

（四）

一端在海外
我坐在大洋彼岸
一间宽敞的教室里
听出色的教授
站在高高的讲台上　上课

我明白了
我这一辈子
在学术上

已经很难很难
和他竞争　和他们竞争

我要回家
我要把他们的书本
带回我的祖国
我要让我的学生们
和这里的同代人
展开激烈的竞争

我的学生们
能赢吗
我相信
能
于是
在该回国的时候
我叩响
自己的国门

（五）

一端在眼前
有一种东西叫作权力
正在我的眼前晃动
不断地怂恿着我
放下手中的课本

我是老师
我的心中十分清醒

我走向课堂
我的岗位在课堂
教师的最大安慰和奖励
就是学生们的目光

叶永刚
2007年9月10日
于珞珈山

因为你赠给我一篮鲜花

有一篮鲜花
摆在我的眼前
照亮了我眼睛
我把鲜花捧起
摆放在了我的窗台
我要让它照亮
窗内外的世界

叶永刚
2007年9月13日
于珞珈山

收到罗凡同学的结婚喜讯

紧紧地
握着电话
我听见了
你结婚的喜讯

那一年
由于你年轻气盛
忍受不了
严厉的批评
你发火了
我也发火了
我记得当时
你几乎气昏

想不到晚上
你居然
找到家里
自我认错
你的态度
极其诚恳

我记得
那一年初春
我带着你
还有肖文

一起去监利
既为了一个报告
也为了去江边
沿着江滩踏青

结果发生了车祸
差一点
就撞坏了你的眼睛
想起来
我就后怕
直到如今还会胆战心惊

你走了
你毕业了
我不担心你的能力
我只担心
你的脾气太硬太硬

我一直在等候着
你的佳音
莫非是我
平时关照不够
这小子以至于直到今天
仍对我很不高兴

今天我收到了
你的喜讯
好小子

等着吧
我会带着师娘
前来助兴

叶永刚
2007年9月21日
于珞珈山

教师笔记

当我们开始面对学生
首先该教他专业知识吗
并不是
同他交流吧
同他平等地交流吧
首先你面对的
不是一个学生
而是一个人
任何一个人
都需要尊重

给他鼓励吧
任何一个人
都需要鼓励
就像我们自己
也需要鼓励一样
接下来
我们可以倾听
倾听他谈打算
并与他热烈地讨论

叶永刚
2007年9月28日
于珞珈山

九月的课堂

我走在
通往教室的路上
我特意去看
林中的那条小溪

因为那条小溪
栖息着一群
快乐的小蟹
我从那条小溪走出
走向校园
宽敞明亮的课堂

我发现那群小蟹
仍在我的眼前
活泼地晃荡
爬行在
通往教室的路上

我在讲台上
摊开了课本
我发现那群小蟹
已经爬进了
我的书页
要我和它们一起
在课堂上演讲

我开始上课了
同学们
让我们就像
一群螃蟹
自由地栖息
欢乐地爬行
我一边讲着
对着莫名其妙的同学们　讲着
一边望着窗外
我看见窗外
有一颗大树

我接着讲道
同学们
让我们就像一群螃蟹
不仅爬行　爬行
而且能够　爬上门窗

我发现
我的那群螃蟹
已经爬过窗台
爬到窗外　那棵树上

叶永刚
2007年9月29日
于珞珈山

火炬

——回校聚会校友的心声

珞珈山
每一座山峰
每一棵山树
都是高高举起的
一支支火炬
使我们
走进山中的每一颗心灵
都被它们呼呼地点燃

我们举起林中的火炬
走向远处
无论我们走到哪里
火炬都在我们心中
熊熊地燃烧

叶永刚
2007年10月8日
于珞珈山

珞珈山有一双深情的眼睛

——致国际金融一九八七级毕业生

珞珈山有一双
深情的眼睛
它就像那夜空中
闪亮的星星

即使你的脚步
踏遍天涯海角
它也会照耀着
你的万里鹏程
给你注入
勇敢
坚定
以及冬天
太阳般的温情

叶永刚
2007年10月4日
于珞珈山

与学生说茶

（一）

宁静的时候
捧一杯清茶
慢慢地品茶水
亦如其人
宁静中透露着
湖水般的清澄

（二）

坐在高雅的茶楼　喝普洱
和蹲在墙头地角　喝大碗茶
可以喝出
同样的心境

（三）

我深信
会喝茶者
一定属于
会生活的人　会工作的人

所以我希望
我能经常
用各种各样的茶叶
说服你们

叶永刚
2007年10月25日
于珞珈山

狂风送来十月的消息

十月从遥远的北方
终于传来了
一个金色的消息
久久渴望着的
那棵苹果树上
仿佛那一树金色的苹果　熟了
北方传来的消息之中
弥漫着一阵袭人的香气

不知所措地
从近乎泄气的床头
一骨碌爬起来
裹上一件
厚实的皮衣
钻进呼呼的北风之中

我扑进
校园的树林子里
看着秋风
正摇摆着
林中　巨大的树木
秋风啊　你就摇吧
你就将这
巨大的树木
连根拔起

如果你不这样
似乎就无法让我
发泄
发泄出我已经
积压了久久的
怨怼之气

秋风啊
你就吹吧
你就将这
满树的黄叶
吹上九天云际

如果你不这样
似乎就无法让我
倾泻
冲击在我心头上的
无比巨大的欣喜

我在这秋天的狂风之中
疯子一般地
扑进我读书的宿舍
我望着眼前
一树树的蜡梅
我似乎已经闻见了
雪地上
月光下
那一阵阵暗暗的香气

我们曾经暗暗地发誓
一定要像这里的梅花
迎风傲雪
坚强于天地

我在这秋天的狂风之中
疯子一般地
扑进林中的樱花树下
我看见深红色的树叶
从枝头上飘落
就像鸟群一样飞舞
飞舞在秋天的草地

我在秋天的狂风之中
疯子一般地
扑进林中的小溪
我在小溪边喊叫着
螃蟹螃蟹
我的一群兄弟
你们藏到了哪里
快出来吧
快出来吧
快出来和我一起分享
来自远方的消息

我在秋天的狂风之中
疯子一般地
扑进林中的教室

我在这里寻找着
和我形影不离的一群弟子
我敲着教室的门窗
弟子们　你们在哪里　在哪里

快出来吧
快出来吧
我要告诉你们
北方传来的消息
我不是说过吗
不会白费力气
今天　我们期盼到了
苹果熟了的消息

十月的秋风
猛烈地
吹送着
动人的消息

我就像疯子一样
东奔西跑
想要告诉别人
苹果熟了的消息
我问我
我会疯吗
我摇摇头
我知道自己
不会疯狂

我只是激动
只是激动不已

此时此刻
我真想双膝着地
向苍天表达
一个弱小的生命
在珞珈山这片神奇的土地上
深深的感恩之心

叶永刚
2007年10月28日
于珞珈山

十月的夜晚

十月的一个夜晚
夜色紧紧地
包围着
一位教授
和他的一群弟子
他们在黑夜中的一盏电灯之下
热烈地讨论着

教授的目光
注视着眼前的场面
而他的大脑中
正浮现着
一幅气势恢宏的画卷

他想象着教室
在青山之下
窗外的湖水
正在微微地荡漾
远处是滚滚东流的大江
近处是一片
伸展着的平原
平原在他的眼前
渐渐地变成了
无边的草地
眼前的学生

变成了草地上
一群牛羊

他感到自己
正骑在马背之上
手中的长鞭
抽落了西下的夕阳
教授笑了
教授的脸上
闪耀着金色的阳光

叶永刚
2007年10月30日
于珞珈山

十一月的想象

十一月的脚步
踏进香樟的山坡
鸟儿飞来　啄起香樟粒儿
黑色的颗粒　就像乌亮的珍珠
漫山遍野　却在下着
闪亮的黑雨
山野正想象着来年
一片新绿

我想起了海边的椰风
吹过枝头
熟透的椰子　正从空中坠落
海滩正期盼着
来年的新苗

我想起了春蚕
吃饱了桑叶之后
正匍匐在草丛中　吐着新丝

我想起了
我作为一个教师
应有的天职

叶永刚
2007年11月1日
于珞珈山

课堂上下

课前
为什么不在
走进课堂之前
站在珞珈山的山树之下
看一下满树的绿叶
然后将浓郁的绿色
带进课堂　去渲染
讲台下每一双
渴望的眼睛

课上
为什么不让
学生们拉开
将窗户遮掩得
严严实实的窗帘
让珞珈山
金色的阳光
将课堂和学生们的心灵
一起照亮

课后
为什么不让
学生们抬头
仰望　珞珈山的天空
洁白的云朵　和云朵旁边

翱翔的雄鹰

告诉学生们吧　告诉他们
手中紧握着的书本
可以成为　蓝天之上
雄鹰的翅膀

叶永刚
2007年11月21日
于珞珈山

第四章

我们相聚在2008

黄土高原的朋友

(一)

你来了
你站在珞珈山下
美丽的东湖之畔
你看看湖中荡漾的波澜
你看看天空不断地飘洒着的细雨
你想起了你的黄土地
你想起了黄土地上的旱情
你站在湖畔的细雨中
一声长叹
老天不公啊

(二)

你从黄土地而来
你那吹惯了西北风的脸
被锦绣江南的和风细雨
吹拂了两年
你又回到了黄土地
你又回到了生你养你的黄土地

你盼望着
我尽快来到你的身边
我终于来了
你举起酒杯
告诉我

在学校的时候
最重要的事情
就是想着要做您的好学生

我举起酒杯
站在黄土高原之上
朝着黄河
朝着你
一饮而尽

叶永刚
2008年4月30日
于珞珈山

朋友们，你们为什么不笑

今天
我来得很早
我坐在教室里
看着两位女学生
朝教室走来
我多么希望
她们两位
抬起头来
看一看我
而且
朝着我
微微一笑

令我失望的是
她们没有看我
她们没有微笑
她们好像
有着重重的心事
一笑
也没有笑

朋友们
你们为什么
不笑呢
要知道

在人的一生中
笑
该多么重要

我的课程
是金融工程
但是我清楚地知道
笑
比金融工程
更为重要

笑吧
朋友们
生命短暂
笑口常开
让我们今天的课程
从开始
到结束
我们一笑
再笑

叶永刚
2008年6月28日
于珞珈山

东湖雷雨之夜

在乌云笼罩的夜晚
漫步在东湖之畔
雷声轰隆隆
伴着雷声的倾盆大雨
将我和手中的雨伞
一起压进了一家
小小的酒店

雷雨
还没有停稳
我和我的雨伞
就一起冲向了
乌云滚滚的岸边

一道闪电
从对岸的磨山闪现
磨山就像一个
巨大的炸药包
那闪电就像
滋滋响的导火索
我赶紧
用我的双手
将两只耳朵
紧紧地堵严
隆隆的爆炸声

响彻天地之间

又是一片漆黑
又是一道闪电
在闪闪的电光之中
我看见
一个小伙子
正光着头顶
大踏步地
走在雷雨中的湖边

我看清了
那就是我
那就是年轻的我
我在轰隆隆的雷声中
将自己坚强的意志磨炼

又是一片漆黑
又是一道闪电
我在闪闪的电光之中
我看见
一个人的身影出现了
他正在湖边
捧着一部经典

那就是读研的我
我的硕士研究生和博士研究生课程
就是骑着单车
一个人在这里读完的

又是一片漆黑
又是一道闪电
我在闪闪的电光之中
看见一条小船
那条小船上
围着一群学生
有一位教授
坐在船头
给听课的学生们
指指点点

那就是我
那就是我的博士研究生课堂
我让学生
既听课
也在这梦一般的意境之中
流连忘返

又是一片漆黑
又是一道闪电
我在闪闪的电光之中
看见了自己
正在渐渐地衰老
我头上的头发
已经远远
不如从前

我在想
我要赶快离开
雷雨中的东湖
我要回到
我的书屋
读我还未读完的书本
从事我那
正在进行着的科研

叶永刚
2008年7月5日
于珞珈山

蒙古歌谣

我们的朋友来了
他的名字叫做东方
他就像东方
那一轮初升的太阳
和太阳闪耀着的
那一片灿烂的光芒

他曾经从辽阔的大草原
来到珞珈山
这个美丽的地方
他在这里度过了
无数的不眠之夜
他骑着他曾经
牧放过的骏马
驰骋在知识的草场

他又回到那里
辽阔的大草原
他是草原的儿子
他说　草原就是他离不开的亲娘

他又带着他的女儿
回到母校
他曾经苦读过的地方
他要让自己的女儿
像他一样

在这里茁壮地成长

今夜他在这里
高高地举起酒杯
仰头喝下　又像往常一样
纵情地歌唱

他歌唱自己亲爱的母校
感谢这片土地
和这片土地上的老师们
对他深情的培养

他歌唱着草原的明天
并希望这里的老师们
能到他那广阔的草原
去播种无尽的知识
和崭新的思想

放心吧
我们的东方
我们会把你的孩子
当作自己的孩子
我们会把你的重担
当作我们的重担
并且责无旁贷地
扛在我们的肩上

叶永刚
2008年9月22日
于珞珈山

皇冠螺

——记赵振宇通过论文答辩

一轮明月
依旧像往常一样
照耀着隐隐约约的珞珈山影
和宁静的东湖水面

在湖畔的一间教室
小赵激动不已地
从书包中
掏出一只
巨大的海螺
他告诉大家
我今天
将这只海螺
留在这里　留给叶老师
也留给这里的
每一个师兄师姐　师弟师妹

这只海螺
是我上学的时候　在大海边
我们的海关关长
送给我的礼物
他告诉我
做人　就要像这只海螺
头顶上的棱角圆了

但是锐气依然不减
所以能在狂风巨浪的大海之中
坚韧不拔
生活百年

叶老师　在我临走之前
要我读一读老子
读一读孔子
我觉得
老子和孔子
合在一起
难道不就是
这支海螺吗

静静的东湖之夜
忽然响起了
不平静的掌声
那掌声发自
我们每一个人的心坎

我相信
夜空中的明月
和银河中遥远的星星
都能听见

叶永刚
2008年10月2日
于珞珈山

秋天的野柿子红了

秋风吹熟了
树上的野果子

鸟儿飞来了
鸟儿挥舞翅膀
将枝头的野果子
啄落在树下的草地

教授走来了
教授弯下腰来
将草地上的野果子
一颗又一颗地拾起

教授走进了课堂
从自己的衣袋里
将一把鲜亮的野果子掏出
教授说
同学们　今天的教学内容
就从珞珈山中
这把野柿子讲起

这第一颗
就是今天的内容A

这第二颗

就是今天的内容B

这第三颗
就是今天的内容C……

愿我今天
捧上的这把野果子
深深地留在
大家的记忆中

叶永刚
2008年10月8日
于珞珈山

讲台之下

在讲台之下
在我的眼前
静静地坐着
一群学生
他们望着我
就像仰望着　无边无尽的夜空

他们瞪大着
自己的眼睛
就像深邃的夜空中
闪烁着的
无数星星

眼前坐着的
难道真的仅仅是
我的学生们吗
那就是一片
蔚蓝色的天空
天空中漂浮着
洁白如哈达一般
圣洁的轻云

那就是一片
广袤的大地
大地上生长着无数

茂密葱郁的树木

那就是一片
广阔无垠的大海
海面飞翔着
雪白的浪花
和黑色的鸟影

在他们的面前
我感到敬畏
因为他们每一个
不仅是我的学生
而且像我一样
是一个个神秘莫测的生命

我暗暗地
嘱咐着自己
用心地备课吧
耐心地讲解吧
莫要耽误了
眼前的这群学生
耽误了他们
就是亵渎了
至高无上的神灵

叶永刚
2008年10月29日
于珞珈山

课堂阶段小结

我记得
我第一次走进课堂的那天
我告诉我的学生们
在教室前面
这是一片
宽阔的广场
在广场的那一角
有一棵桂树
桂树花开了
开花的桂树
是一棵花王

我记得
我第二次走进课堂
我捧着一捧
熟透的野柿子
我告诉我的学生们
在一个艳阳高照的日子里
我看见校园的野柿子红了
一群鸟儿
在枝头唱着歌儿
将一颗颗的野果子
啄落
啄落在
我的头上和身上

我记得
我第三次走进课堂
我将一把拐枣
放在讲台之上
我告诉我的学生们
那是一个雪天
熟透的拐枣
掉落在雪地
我从雪地上拾起品尝
简直甜透了

我记得
我第四次走进课堂
我将一片落叶
在大家眼前轻晃
我告诉我的学生们
天空中没有
两朵一样的晚霞
大地上找不到
两片相同的落叶
最重要的在于
每一朵晚霞
每一片落叶
都要尽情地展现出
自己特有的模样

我还会

一次又一次地
走进我的课堂
我每一次都会带进教室
珞珈山迷人的事物
我要让我的课堂里
充满诗情画意
我要让自己和学生们
在快乐和愉悦之中
度过课堂上每一刻时光

叶永刚
2008年11月2日
于珞珈山

秋天的日子里

父亲曾经在秋收的时节
拿起一把镰刀
踏进金色的田野
收割一片
滚滚的稻浪

我在秋天的日子里
走在校园的山坡上
采摘
一串成熟的野果子
放在我的案前

父亲在田野上看着
高高的谷垛
满满的粮仓
和孩子们的笑脸
被饥荒折磨过的父亲
脸上笑着
心里不再慌张

我看着
眼前的一串野果子
就像看见了
深蓝色的天空中
一片灿烂的晚霞

我在原野上
栽种的每一棵树苗
都在晚风中
披着一片
金色的霞光

我不慌不忙
泡开
一杯清茶
慢慢地品着
细细地备课
精心地批阅
一篇篇学生的文章

叶永刚
2008年11月2日
于珞珈山

第十一周　我给学生一捧黑色的樟籽

在第十一周的课堂上
我给学生一捧　黑色的樟籽
我告诉他们
这每一颗
都像一颗耀眼的
黑色珍珠

同学们笑了
那意思似乎在说
有黑色的珍珠吗
我告诉他们
我曾经在夏威夷
在闻名的珍珠港
就发现这种
昂贵的珍珠

而我认为
珞珈山的樟籽
比那里的珍珠
更为珍贵

由于有了
这黑色的珍珠
这里的山林
变成了鸟儿的乐园和天堂

鸟儿在枝头啄取的时候
树下的地上
就像在迎着
沙沙的春雨

鸟儿们啄够了的时候
又衔着这些黑色的珍珠
飞向山野的四处
让幼小的树苗
从漫山遍野钻出

正因为有了
这些黑色的珍珠
珞珈山的树林
一年更比
一年浓绿

每当我从树下走过
我也想变成欢乐的鸟儿
我也想啄上一颗黑色的樟籽
飞向山野的远处

叶永刚
2008年11月3日
于珞珈山

东湖秋夜

一轮圆圆朗朗的月
刚刚从湖那边升起
月亮下的山影
隐隐约约
就像一位
穿着衣裙
静卧着的少女

月亮在湖面上
拖着一条闪亮的长尾
看上去宛如一条金色的长龙
长龙在蒙蒙的湖面上
飞舞着　飞向少女静卧
和月亮升起来的地方

有人站在湖边
沉浸于湖边的夜色之中
尽情地想象
那人就像
岸边的那些杨柳
融进了湖面上
粼粼的波光

一阵晚风
从岸边吹来　吹得树叶沙沙作响

那人从湖边
缓缓地离开
然后　他又迈开了
匆匆的脚步
走向林中的教室
和那一片闪亮的灯光门窗

他要迎着
那一双双渴望的眼睛
告诉他们
关于游龙
关于月亮
关于秋夜
和那静卧着的少女模样

然后
他再告诉他们
关于金融工程
关于金融危机
关于那本书的那篇
那章　那节
那页　那行

叶永刚
2008年11月14日
于珞珈山

第五章

我们切磋在2009

写推荐信

我帮无数的人
念着咒语　芝麻开门
无数的人　跨过念开的山门
急匆匆地　从我的身边走过
顾不得回望
帮他们祷告的人是谁
我依旧帮每一个求助者祷告
因为祷告
也是我　作为一个教授
应有的本分
更何况
从我身边
走过的每一个人
都是一道特有的风景

叶永刚
2009年1月4日
于珞珈山

当雪花在珞珈山飞舞的时候

当雪花如鹅毛一般
在珞珈山满山遍野飞舞的时候

我小心地拆开
一张张贺年卡
如同欣赏
一片片飞舞的雪花

一片来自北国
北京的燕园之中
她曾在美丽的东湖之夜
静听湖水
与它倾心交谈

一片来自东海
海涛飞溅
浪花掩不住
她那激情飞扬的笑脸

一片来自南方
南方的柳林之中
我听见了
她在那里
笑语涟涟

一片来自西部
西部的草原之上
我听见了
他端起酒杯
一边用蒙语高歌
一边用他的头脸
猛猛地撞击着我的头脸

每一片贺卡
都是一段闪光的记忆
每一张笑脸
都是一个如歌的生命
像花朵一样
展示着自己
无比的娇颜

叶永刚
2009年1月6日
于珞珈山

星空

躺在校园中央
一片开阔的地上
抬头仰望着夜空
无数的星星
在神秘地闪亮

想起了故乡的夏夜
在山坡上纳凉
仰望在一张竹床之上
看着牛郎织女
和那流水潺潺的银河
总想去那条河边
架起一座
彩虹一般的桥梁

想起堆满在书房里
那一沓沓厚厚的书籍
和那图书馆中
高高的书架

我仿佛看见了
一双双智慧的眼睛
就像神秘的星星一样
在夜空中闪亮

我想起身边
那一群活泼热情的学生
和院系里那一个个
沉思冥想的同事
还有学校行政系统
那一位位
庄重而又谨慎的管理人员
我仿佛看见了
一双双变换的眼睛
就像神秘的星星一样
在夜空中闪亮

我想起我去过的
那些遥远的地方
那些远方的朋友们
那些远方的同行们
那些远方数不清的陌生人
我仿佛看见了
一双双闪烁不定的眼睛
就像银河上的波光
在深邃天边的夜空中
闪闪发亮

我想起了曾经
爱过我的人
和我曾经爱过的人
以及那些
曾经用他们的行为

和他们的思想
震撼过我的心灵的人们
我仿佛看见了
夜空中皎洁的月亮
和头顶上燃烧着的太阳

我明白了
我正行走在
神秘莫测的星空
我的眼里笼罩着一片
神秘莫测的星光
我也是一颗
神秘莫测的星星
我也像别的星星一样
在深邃莫测的夜空中
闪闪发亮

叶永刚
2009年1月17日
于珞珈山

距离

即使与自己的学生
也应该保持
一定的距离

距离产生的
不仅有美感
还有尊敬和威严

叶永刚
2009年1月25日
于珞珈山

波罗蜜行动计划

我们在东湖边
我们在太阳下　奋斗吧
你看我为大家
抱来的这一只波罗蜜
就像一只
硕大的冬瓜

我们要让
我们的课题
成为一只波罗蜜
这一只波罗蜜
就是我们
这次的行动计划

我们的波罗蜜
就是一个
摩拳擦掌
志在必得的策划

我们用我们的汗水
我们用我们的智慧
我们用我们的团队精神
我们用我们和他人
真诚合作的态度

去拼去博
去冲去杀
我们抱定一个主意
那座高高的山头
我们
一定要将它拿下

为了我们的制高点
为了我们的基地
为了我们的平台
为了我们人生的一座丰碑
我们的波罗蜜计划
年轻的朋友们　我们奋斗吧

叶永刚
2009年2月20日
于珞珈山

今夜的月亮格外的明

——记刘锡良教授2009年4月27日在武汉大学经济与管理学院作报告

（一）

如果大家
有写日记的习惯
可以这样写
二〇〇九年四月的一个晚上
我们在珞珈山下
东湖旁边
听著名的刘锡良教授
讲关于农村金融的困境
及其出路
想不到大名鼎鼎的刘教授
居然是那样的亲切
居然是那样的和蔼
居然是那样的娓娓道来
居然是那样的入木三分

（二）

刘教授不仅给我们
讲清了研究的意义
而且给我们
讲清了存在的主要问题
还有解决这些问题的
对策及其捷径

我明白了
我们做教授
就要像刘教授这样做
我们做学问
就要像刘教授这样做

你们看看
我们的刘教授
既是中国一流的教授
又深入农村
进行调研和剖析
简直就像
一个地地道道的农民

你们想想看
你们凭什么
去将中国
变成全世界第一名

三十年的改革开放
我们发展市场经济
我们将商品市场化
我们赢得今天的局面
我们还没有将金融市场化
所以人民币的地位
与自己的经济实力
还很不相称

(三)

刘教授的报告
引起了我们
一系列的思考
中国三十年的改革开放
我们这一代人
让中国
从经济崩溃的边缘
到今天
变为全世界第二名
你们想过吗
你们要做什么
你们要让中国
在你们的三十年中
从第二名
一跃而成
第一名
真正的第一名

(四)

想想吧
如果你们
能把中国的农村
建设好了
如果你们
能把中国的金融
市场化了

那么你们的历史使命
不就可以完成
中国
不就可以超过美国
而我们的国家
不就可以　高高地屹立在世界民族之林

（五）

我给你们
讲一个校友吧
他的名字
叫作艾路明
他为了写博士论文
去了一个乡村
他任村支书
给农民贷款
种上西瓜
一年不到
就彻底
改变了
全村人的命运

（六）

我希望大家
要做学问
就学刘教授
要做银行家
就学尤努斯

要做企业家
就学艾路明

（七）

哪一天
在座的中间
如果有哪位
成了金融家
或者企业家
别忘了
一定要请
刘教授做客
就是因为那一天
他到我们学校演讲
于是我们就格外兴奋

叶永刚
2009年4月27日
于珞珈山

博士生，你为什么要轻生呢

——报载有位在职博士研究生因论文无法完成而自尽

博士生
你干什么不好
为什么要轻生呢
你留下了
你那可怜的父亲
你留下了
你那未完成的学业
你给世人
留下一个
天大的遗憾
我想
你一定是精神上需要帮助
可是
你为什么不去医院呢
要知道
能够帮助你的
还有医生

博士生走了
作为一个教授和博士生导师
我除了叹息
还感到

自己的肩头
很沉很沉

叶永刚
2009年4月28日
于珞珈山

留影之时

——写在2009年本科生毕业留影日

贴近学生
就是贴近了未来　希望
和朝阳一般的青春
面对着一张张笑脸
我忽然发现
我的身影
我的名字
原来并非
仅仅属于
我独自一人

珍惜自己吧
既是在珍惜自己
也是在珍惜眼前
这一群群可爱的学生

叶永刚
2009年6月1日
于珞珈山

六月的礼品

看着你毕业的日子
渐渐地来临
我在想
以什么庆贺你的答辩
和你毕业后
新的里程

我想起了
校园的林中
有一条宁静的小路
铺满了落叶的那条小路上
有一阵阵鸟儿们欢乐的歌声
能否以此
送给你呢
愿你的人生旅途
永远如这条小路
宁静而又充满着鸟儿的歌唱

叶永刚
2009年6月10日
于珞珈山

与远方人语

学生王美舫要去美国了
他的父母亲请我们
一起分享他们的快乐
要我讲话

我想起了很多很多
我想起了肖文
他曾经对我说过
他们一位领导
曾经对他说过
当一堆情商很高的人
在一起比拼时
他们比拼的
是智商
当一堆智商很高的人
在一起比拼时
他们比拼的
是情商
当一堆情商和智商
都很高的人
在一起比拼时
他们比拼的
是境界

我在想啊

什么是做人的境界
那就是看一个人
在自己的心目之中
是否装着别人
自己心目中
装着的他人愈多
他的境界
也就愈高

叶永刚
2009年6月13日
于珞珈山

如果说……

如果说武汉大学的金融学科
是一座青藏高原
那么我们的金融工程
就应该是青藏高原上的喜马拉雅

如果说我们的金融工程
是青藏高原上的喜马拉雅
那么我们的宏观金融工程
就应该是喜马拉雅山上的珠穆朗玛

叶永刚
2009年6月18日
于珞珈山

当你走进了这片土地

——记中国建设银行总行培训班开学典礼大会

当你走进了
这片美丽而又可爱的土地
我在想我们
在这片土地上生活
和工作的成员
应该拿什么东西
给予你们
我在想
我们给予你们的
应该是一种
神圣的使命

你们想过吗
你们为什么
从黑夜里走来
走进这个世界
走进这片土地
难道不正是因为
你们的肩头上
承受着一种使命

你们
难道不正是
为着这种使命

而来的吗

你们
从四面八方
走来的时候
很有可能
将这种责任忘记
可是我们
这些生活在这片土地上的人
肩头上
也有着
一种神圣的使命
那就是及时地
对你们进行
提醒

我在想
我们给予你们的
应该是一种
阳光一般
灿烂的微笑
如果你们
还有哪怕一个人
还在低着头脸
还有哪怕一个人
还在生着闷气
那么
我们

会告诉你们
忘记那些
不愉快的人和事吧
请尽情地呼吸
这里的甜美空气

当你们
感受到了
身上的使命
当你们
愉快地笑了
那么接下来
我们言归正传
开始紧张而又快乐的学习

叶永刚
2009年6月22日
于珞珈山

七月，走过那条飘香的小路

七月的早晨
唱着歌儿　我走过
那条飘香的小路
那条路旁
长满了浓荫蔽日的花树
有人曾经告诉我　那树
叫作癞痢花儿
那花儿呀　一点儿都不“癞痢”
在七月的骄阳下
它骄傲地盛开着
它用它醉人的浓香
浸泡着每一丝火热的空气
微风吹过来了
吹送着一阵又一阵浓浓的花香
和蜜蜂嗡嗡之声

我从这条小路走过
我拉动枝头
故意让花
洒满了全身
我沐浴在花雨之中
我的脚下
简直是浓香的花雪
简直是滚动着的花溪

我从这条小路走过
我带着满身的花香
走进工作的书房
我伏在案头
奋笔疾书
关于七月的骄阳
关于七月的花香
关于七月的那一条
飘着花香的小路

儿子在敲我的房门
儿子来了
儿子已经考上了研究生
和我的弟子们一起
在这里学习和研究

生命是一个偶然
儿子是一个偶然的偶然
一不小心儿子也学习了金融工程
更是一个偶然的偶然的偶然

还有无数的偶然
就像早晨的花儿
在我的身边开放
就像花儿上的一群蜜蜂
围着我嗡嗡作响

能不感恩吗

在这花儿飘落的早晨
我朝着自己
也朝着天空
大声地发问

叶永刚
2009年7月11日
于珞珈山

那一片浓香的树林(之一)

火辣辣的太阳
用它火一样的舌头
舔食着大地上
每一个细小的角落
即将退休的老师
从那片浓香的树下走过
他仍去办公的地方
攻读　写作　思索

就像林中的这一片花树
花要谢了　果子就快要
挂在枝头
体验
秋风吹来时
沉甸甸的感觉

老师从花树下走过
背影消失于骄阳之下的树丛
笑容依然
在我的眼前闪现

我捧起地上
飘落的花瓣
掌中的落花
花香弥漫

连脚下的土地
也被它们的浓情
深深地
深深地感染

叶永刚
2009年7月13日
于珞珈山

那一片浓香的树林(之二)

约着儿子
在黄昏时分
一起走过
那片浓香的树林

闻见了吗　儿子
这沁人心脾的馨香
感受到了吗　儿子
这一条蜜汁流成的河流

我们是两条轻快的鱼儿
在这蜜汁流成的河流之中
缓缓地游动
老天爷让我们父子俩
一起走进了这座
美丽的山林

又一起走在了
黄昏这一个幸福的时候
夕阳下的花雨
三三两两落在了
我们的头脸
和我们欢乐的心灵

让我们在这一条甜蜜的河流之中

伸出我们的双手吧　握紧
愿我们的骨肉之情
在这片甜蜜的土地上
收获甜蜜的收成

叶永刚
2009年7月13日
于珞珈山

那一片浓香的树林(之三)

想约你
走进那一片浓香的树林
去体会
那蝉声嘶鸣之中
弥漫着蜂蜜一般香甜的意境
你走了　你已经离开了
你以前形影不离的校园
那又有什么关系呢
我会像画家在这里画一幅画一样
写一首浓情迸溅的小诗
写下这片飘香的树林
以及对你的思念
愿我的这首小诗
和这片浓香的树林
属于你也属于天底下
热爱生活的人们

叶永刚
2009年7月13日
于珞珈山

那一片浓香的树林（之四）

七月的又一个早晨
我又走过了林中的密叶
纷纷扬扬的落花
地上仿佛堆起了
一层金黄的积雪
蚂蚁在花雪上
简直不知所措
遍地都是蜜源　从天而降
它们糊涂了
不知从哪儿开始吮吸

蝴蝶飞来了
蝴蝶感到了
翅膀的沉重
它们仿佛在蜜的海洋之中游泳
浑身沾满了蜜汁

有两只纺织娘
在花树上纺织
兴奋不已地拥抱着
从花树上滚落而下
索性就在地上
继续着彼此的嬉戏

我站在花树下

张开我的嘴巴
大口大口呼吸
呼吸这蜜一样
浓稠的空气

情不自禁地
我唱起了一首
昔日的恋歌
我想起了远方
那已经远走的倩影
和那一双眼睛中
也像这花一样
浓香四溢
深情的笑意

我大踏步地走着
我想去告诉
我那些年轻的朋友
让他们来体会
这林中奇异的美丽
我更想去告诉
天下所有的人
让他们都来赞叹
珞珈山间
这独特的诗情画意

叶永刚
2009年7月13日
于珞珈山

海那边的风将你吹来

——致赵振宗

那一天
海那边的风
将你从那座
美丽的海岛吹来

我从你的身上
不仅嗅到了海风
而且嗅到了
你在花果山一般的海岛丛林之中
掺杂上的一身猴气

珞珈山
要将你从猴王
变成唐僧一般的学人　难啊
因此我对你下达了
我的第一道铁令
脱胎换骨
方能走出　珞珈山门

从此以后
我们便开始了
我们师徒
在这“取经”的路上
艰苦的行程

在跋涉的路上
我又给你下达了
这里的第二道铁令
要让你说的
每一句话　都经得起推敲
不能因为说话不慎
留下遗恨

今天你终于修成正果
你踏出山中的小径
又奔向　海风吹来时的里程
我在这里
又激动地给你
下达第三道铁令
你今后最难战胜的
是自己而不是别人
望你继续修炼
炼成金刚不坏之身

愿你在那边
一帆风顺

叶永刚
2009年7月20日
于珞珈山

我和你一起走过草原

——致东方

在二〇〇九年的一个夏天
我和你一起走在辽阔无边的草原之上
我和你走向草原深处
我看见草原上的每一颗露珠
都是一颗滚烫的眼泪
草原几乎在哭诉
哭诉着我们过去
已经给它
带来的深深的创伤

我和你从草原归来
我在马背上
朝着草原回望
我看见了一条小河
在白云深处的草地上流淌

你告诉我
这里的冬天白雪茫茫
地上干旱
草原的地下
还有河水流淌

我的眼前
忽然一亮　草原啊草原

我在归来的路上
又看见了你的前途和一片灿烂的阳光

有一天
我们会在草原干涸的时候
将地下的河水
及时地奉献给
曾经被我们伤害的草场
我们会用
我们从大地深处
捧出来的河流
为我们美丽的草原
轻轻地轻轻地疗伤

叶永刚
2009年8月15日
于珞珈山

翻译之恩

诗人停止了诗歌的写作
又开始了金融专业的翻译
诗人在想　其实
翻译不也是写诗吗
诗人想起了当年
当年组织一批学生
翻译了厚厚的书稿
跑遍了大江南北的出版社
所有的出版社
全都无动于衷
诗人清楚地记得
在南方一家出版社大楼里
那一位编辑说
你知道吗
你所需要的是突破
你能突破吗
诗人心里非常清楚
诗人无法去突破
她所指的突破
诗人只好抱着自己的书稿
垂头丧气而归
如今　当出版社
将出版的合同
送到诗人的跟前时
诗人顾不得诗歌的呼唤了

挽起袖子
义无反顾地
开始了
翻译
以另一种形式
写诗

叶永刚
2009年9月4日
于珞珈山

开学第一课

——2009年9月6日，开学后金融工程第一课

我们在珞珈山的秋风
送来第一缕桂香的时候
开始了本学期
第一课
所有的眼睛
都在望着
讲台上的老师
望着我

我说
别无其他
今天给大家
仅仅讲三个什么

第一个什么
为什么
我这里有一幅画
广袤无垠的大草原上
有两匹公马
正在奋起搏斗
能写一个题目吗
如果能写　请你告诉我

魂　很好

战局　很好
还有不羁的行动　都很好
这是作者送给我们
他的题目
为了爱情而战斗
大家笑了吧
别笑　我们不是公马
我们不能仅仅为了爱情而战斗
别忘了　我们要为
在下一个三十年
将我们的国家
建成最强的国家　而奋斗

第二个什么
是什么
是一堆木头
是一堆尼龙丝
是一个木匠
将二者变成了
一个精致的网球拍子
木匠即金融工程师
我们每一个人
就是要成为木匠
用我们面前的金融材料和尼龙丝
去做成一个又一个的金融网球拍子

第三个什么
做什么

我们面前放着
三本书　一本中文
一本英文　还有一本
不仅用英文　而且用数学语言
读懂　就是我们的任务
我是导游　我的任务是导读

从今天
大家走进这个课堂
到结束的那一天
大家走出这个课堂
大家应该有一种感觉
那就是
在专业上
我长高了
一般的人
都没有我高大
我的目光
看远了
一般的人
都难以企及

叶永刚
2009年9月6日
于珞珈山

秋夜的月光下

——写在2009年教师节

在秋夜的月光下　他在想
这是一个属于教师自己的节日
应该为自己写一页
月光般清澈的诗篇

在故乡的那个小村里
有一个赤脚的孩子
幸运地喜欢上了书本
从小就显露出了
教书先生的模样

终于有一天
有一个机会
他捧着课本走进了
周围延伸着田野的课堂

终于有一天
有一个机会
他上了大学　而且在大学后
他又义无反顾地选择了
站在这座秀美无比的山上

终于有一天
他迈着坚定的步伐

走出了国门
在大洋彼岸的那座校园
领略了金融前沿的无限风光

他又回来了
又回到了美丽的珞珈山林
他又在这里
投身他所热爱的　教师事业
他一边读书
他一边讲授
他一边研究
他一边写作
平凡　普通　宁静
他用他辛勤的汗水
换来了学生们茁壮健康地成长

一棵又一棵的树苗
长成了大树
他站在树下
拾起一片落叶
告诫自己
落叶成泥
也该是一片
肥沃的土壤

今夜　他站在月光下
眺望着夜空的星星
他在想　他的学生们

也像这一颗颗的星星
正在四面八方闪亮
而他自己
感到夜空的月光
已经将自己的灵魂和躯壳
一起照亮
月光如水
他自己的一切　也如水

叶永刚
2009年9月10日
于珞珈山

在太阳下我走进课堂

在太阳下
我走进课堂
太阳的光辉
钻进了窗棂
依然在教室闪亮

我开始讲课
我是课堂上的一个亮点
一个小小的　就像星夜的田野上
一点闪烁的萤火

我看见了窗外的太阳
我希望萤火的光亮
就是太阳的光亮
我希望眼前的每一双眼睛
都充满着灿烂的阳光
我希望眼前的每一颗心灵
都是一轮天空中的太阳
我只是夜空中的一点萤火
却希望用我微弱的火光
去点亮那一轮轮
可以熊熊燃烧的太阳

因此我的声音
格外的　格外的响亮

我已经看见
我的眼前
升起了一轮　又一轮的太阳

叶永刚
2009年9月11日
于珞珈山

黑板擦与粉笔

题记：学生李强发给我一封电子邮件：老师，是你用黑板擦净化了我的心灵，是你用粉笔在我黑板一样的脑海里增添了智慧。

我在一双双
渴望着知识的眼睛面前
我用我的眼睛
并且用我的心灵
向你们　大声地发问

你们的脑海
真是那一块　就像黑夜
一样深沉的黑板吗
如果是　那么
我不仅会用我的黑板擦
为你们擦去那些
乌云一样纷乱的杂绪
而且会用我的粉笔
在你们的夜空中
画上一轮明朗的月亮
还有无数闪亮的星星

叶永刚
2009年11月2日
于珞珈山

赛乌素嘎查的一个蒙古包里

——2009年11月27日，我们在这里座谈

在赛乌素嘎查
一个蒙古包里
我们热烈地讨论着
关于草原生态以及
牧民的新生活问题

我们伸着指头
一起计算着
一千亩[①]的草场
需要多少的水量
需要多少的风力电力

我们一边谈着
一边端着酒杯
愈谈愈喝愈吃
大家的耳根子愈热
谈话愈是投机

有人身上冒着热气
提出一个小小的建议
为什么要一千亩呢
五百亩不就足够了吗

① 1亩≈666.67平方米。

五百只羊五百亩
恐怕还有多的呢
多了恐怕也是问题

我们的心里
一下子亮堂起来
就像草原的黎明　变成了天亮
一轮红亮亮的太阳
一下子照亮无边的大地
我们举杯相庆
我们的研究
又进入了一个
全新的境地

我们提议
在这座蒙古包外
摄影留念
让我们的欢乐
和身影一起留在
茫茫白雪的神州大地

叶永刚
2019年11月30日
于珞珈山

面对着一道道明朗而又灿烂的目光

——在内蒙古大学的演讲（摘录）

（一）

感谢　草原的朋友们
让我今天
有机会站在这里
面对
头顶上的蓝天白云
眼前一望无际的大草原
草原上一片皑皑的白雪
和讲台下面　像星星　像月亮　像太阳一样
一道道明朗　而又灿烂的目光

我来自
美丽的湖北
王昭君的故乡
首先　请允许我
代表昭君故里的父老乡亲
向在座的亲戚朋友　表兄弟表姐妹
深深地　鞠上一躬
并把那里的人们
让我捎来的问候
一并献上……

（二）

那里的人们

时刻都在关注着
昭君的后代
现在生活怎么样
嘱咐我到了这里
一定要仔细地瞧瞧

我看到了什么呢
我看到了
昭君走过的草原
正在退化
我看到昭君的后代
在风中　在雪地
正在艰辛地牧放着
越来越少的牛羊
越看
我越感到心疼
越看
我越感到失望
我是多么的渴望呀
渴望重新看见
草原上　那鲜花铺染而成的海洋

（三）

在白毛风
疯狂吹过的地方
我看到了草原的希望
我们可以在那里
用风力发电
用打井抽水的方法

去浇灌干涸的草场

（四）

有一次
草原的朋友
带我走到草原上的深处
告诉我　这里曾经开满了
黄灿灿的金莲花
我在那片草地上
找啊找啊
我终于找到了
那一朵盛开的金莲

我发誓
我要让广阔的草原
重新盛开　那美丽
而又神秘的花朵
当金莲花开
开遍草原的时候
我还要给在座的朋友们
捧上一本诗集
封面上的名字叫作
马头琴在草原上深情地歌唱

叶永刚
2009年12月23日
于珞珈山

第六章

我们迈步在2010

如果你想要

——给学生的回信

如果你想要昙花
开放在温暖的春天
我愿告诉你一个良方
那就是捧起花朵
让它开在心间

如果你想要冬天的灿烂阳光
化开寒冷冰雪
我想告诉你一个妙法
那就是化好一套浓妆
随时准备迎接春光

叶永刚
2010年元旦
于珞珈山

关于高兴

太平常了　就这两个字
可就这两个字
包含的人生哲理
却极其深沉
试想想
人活在这个世界上
还有什么事情
是比这更重要的吗
作为一个教师
让自己高兴
让学生高兴
在此基础上
才有教学　才有科研
才有其他

人总是高兴的时候少
不高兴的时候多
正因为如此
我们才渴望高兴
才对此珍惜万分
就像珍惜自己的眼睛

叶永刚
2010年1月2日
于珞珈山

团队

那一位从边境省份来的农业厅长
听了我们的汇报之后
发自内心地赞叹
您所带领的团队
厉害

作为一名教授
我听着这话
内心深处
十分喜悦　十分高兴

因为在我身后站着的
是我带领的团队

叶永刚
2010年1月9日
于珞珈山

那一餐饭

——致崇左市人民政府副秘书长孙建书

您听见了吗　我的声音
我是武汉大学的老叶
在二〇〇九年十二月的一天
在您的城市
吃过您饭菜的人

我告诉您　一个喜讯
那天的饭局
没有白吃啊
您吩咐的任务
我们已经有了　很快的进程

我们的团队
已经进行了文献的搜索
并且已经
制订出了
下一步的安排

我们在前一天
与自治区商务区
在珞珈山的树林之中
举办了一场
卓有成效的讨论

我们已经
给自治区党委和政府
以及您的领导
准备好了具体的研究方案
以及建议的公文

明天　我们就将这些给您邮来
我们盛情地邀约
贵市的领导
能来长江之滨
在滚滚的长江岸边
静心地商讨
百年的工程

叶永刚
2010年1月10日
于珞珈山

故乡的风

——记老乡黄厚发夫妇来访

是什么样的风儿
把你们从远处吹来
给我送来了
一串串金子般的回忆

忆起了故乡的岁月
我曾在老家的中学课堂
为你们大声地讲授那些
连我自己　都不一定理解透彻的课文
对不起啊
今天我在这里
向你们表示
深深的歉意

忆起了你们
从那片黄土地上
和老师一起
考进了武汉大学
这座庄严的教育殿堂
我们又在这里
共同磋商和学习

忆起了那一年
你们刚从这里

踏上了工作岗位
你们告诉我
有一个外国老人
为了挑战自己
来到中国
这片陌生的土地
免费给学生
讲授英语

如今你们来了
你们又回到了
曾经学习和生活过的校园
带着你们的家庭和孩子
还有那一段难忘的时光与记忆

叶永刚
2010年7月5日
于珞珈山

夏天

你的夏天是绿色的　是真真实实的夏天
我的秋天是金色的　是实实在在的秋天
金色的果实
挂满枝头
和整个天空
毕业的学生　是一串串成熟的果实
一篇篇的学术论文和
一部部正在撰写的著作
也是一串串沉甸甸的果实
还有一个个正在策划的项目
正在夏天的骄阳之下
抬起头来
露出顽强的笑脸
呵呵呵　我呢
我是什么呢
我是金色的天地之间
金色的果树之下
那一缕金色的阳光

叶永刚
2010年7月20日
于珞珈山

放假

浑身上下的骨头
一下子放松
松软在草地上
化作一团白云
悠悠地飘在天外
想无牵无挂地
看遍不曾看过的风景

有学生从远处的树林中走来
告诉我　叶老师
我们的任务
还没有完成

顿时　那一片白云
变成了黑压压的乌云
既有电闪
又有雷鸣
冰雹从乌云之中坠落
砸伤了
我和学生们的心情

我毅然决然
将假期的句号
改写成逗号
告诉大家一个主意

主意已定
不获全胜
决不收兵

叶永刚
2010年7月20日
于珞珈山

教授和他的学生们

教授牢记着练功人的古训
热练三伏
冷练三九
当所有的人在冬天
离开了校园的时候
他带领着学生们
在鹅毛大雪覆盖着的山林中
紧张地讨论和研究

当几乎所有的人在夏天
在凉爽的地方避暑的时候
教授还在这里
带着学生们
喝着大碗茶
流淌着滚滚的汗水
撰写着论文和专著

叶永刚
2010年8月16日
于珞珈山

营盘里的沉思

铁打的营盘流水的兵
大学校园
又何尝不是这样呢
在几十年的教学生涯中
总感觉
学生越来越难带
社会在变化
学生们的价值取向
也在变化

我常常在想
我该如何变化呢

叶永刚
2010年8月16日
于珞珈山

喜闻湖北省股权交易市场启动的消息

从办公室的座椅上　起来
我按捺不住　内心
激动不已的情绪

多少个日日夜夜
我和我的弟子们
从建议
到研究
从调查
到设计

我们用自己的双手
献上了一份
浸透着血汗的方案
期待着
一个宏伟的工程
在荆楚大地上
迅速地启动

终于
在今天
我听见了
电话中传来
即将上马的消息

我恨不得
跳起来
立即去将
奋战的弟子们
召集

叶永刚
2010年9月28日
于珞珈山

兵营

曾经
在一个低潮时期
拖着疲软的心情
走进校园
看着新生演练的兵营
崭新的着装
整齐的步伐
数千人的队列
震天的喊声
让我深深地感动

人说学校　也是兵营
铁打的营盘
流水的士兵

叶永刚
2010年10月2日
于珞珈山

你知道人情世故吗（之一）

——致一位博士研究生

你是一位在职博士研究生
今夜　谢谢你从老远的地方
回来参加预答辩
并且提前
来办公室
看望我

可是
有几句话
我本来不想对你说
但是思来想去
还是得说

我不知道
你是否想过
为什么你找师兄师姐
师弟师妹帮忙
没有人为你干活
为什么你向老师要成绩
老师却躲

你和我打了四年交道
你这四年

连谢谢的话语
都未曾说过几句

我是你的老师
这种话
只能由我来说

你别忘了
你生活在中国
你连起码的人情世故
都不明白
你今后
如何担当重任
让周围的人
都心悦诚服
愿意与你合作

你平时没有听课
考试的时候
又没有认真地复习
你在遥远的天边
凭一个电话
你就要老师
给你填上一个
合格的成绩

我建议你
这次回来

首先找到老师
向老师认错
别忘了
起码的礼节
并且懂得尊重
他人的劳动与工作

我知道
你大老远赶来
不是为了
听我发火
你要是心里不舒服
走远了
你可以站在远处
大声地骂我

无论如何
我觉得
作为一个老师
该说的
我还是要说

听不听　由你
说不说　由我

叶永刚
2010年10月5日
于珞珈山

你知道人情世故吗(之二)

——致一位博士研究生

第二天晚上
在职博士研究生的你
给我来了电话
老师　我想见见你
和你谈一谈心

你来了　谈了一会儿
从书包中掏出了
一叠厚厚的现金
老师　对不起
我的事情　太让您费心

我笑了
将你的现金　塞回你的书包
告诉你
小伙子　你又得挨一顿批评
老师对你发火
是要告诉你
如何把握　做人做事的分寸
更要坚守做人的底线

叶永刚
2010年10月6日
于珞珈山

二〇一〇年十月十七日

——在鹤峰县干部培训欢宴之后

从鹤峰的民歌声中
以及碰杯声中
走了出来
走在月光下
广场上的一片草地上

索性坐下　仰望星空
有朋友从遥远的北国
发送来简短的信息
喜欢一种声音　是微风吹落的雨
欣赏一幅画　是日夜点缀的星
陶醉于一种气息　是悠然弥漫的香
呵呵　武大的夜色很美
难怪叶老师诗兴大发

这是朋友的短信
她刚打来移动电话
我告诉她　我正坐在月下
于是她在燕山脚下
感慨大发

上面的那段话
是她自己写的吗

不管是谁写的
我都感谢她
感谢她在这美好的时刻
让这儿的风景
更美如画

叶永刚
2010年10月18日
于珞珈山

能换一种思路吗

——致某学生

想回家而调动工作
心里有了困惑　是吧
害怕领导今后给你穿小鞋　是吧

我问你一句话
你知道你现在
最要紧的事情
是什么吗

不是调动工作
不是你家里需要照顾的人们
最重要的　不是别人
而是你自己

即使领导对你有了误解
那也没有什么关系
愈是别人对你有看法
愈是不往心上压
这样的人　才值得去效法
时间一长　一切都会烟消云散
更何况　任何领导
都很难让你一辈子
一直是他的部下

还记得吗
你还欠我一笔账哪
你曾经答应过我
带我去你的老家
别忘了　我还等着你哪

叶永刚
2010年10月20日
于珞珈山

教授(之一)

他伏在案前　想着
几十年的风风雨雨
一路风雨兼程
骨头硬朗了
意志坚定了
该吃的　该喝的
该玩的　该乐的
几乎都“曾经”过了
那么还该干点什么呢
创作不也是一种很好的爱好吗
在走向生命尽头之前
抓紧写作
写下自己独特的人生轨迹
写下自己在这条人生小路上的
喜怒哀乐　和那些
艰难险阻中的苦苦追求
不也是一件很有意义的事情吗
于己于人　都很不错
何乐而不为呢

叶永刚
2010年10月28日
于珞珈山

教授(之二)

他再一次
伸开自己的手掌
捧起窗前
那金色的阳光
他还要捧起
另一缕阳光
他在想
他要将这些
捧给自己身边
那一群可爱的学生

他在不断地
告诫自己
作为一个教授
首要的工作
不是教书本
而是浇灌出
一颗颗闪闪亮的心灵

叶永刚
2010年10月28日
于珞珈山

教授(之三)

教授走过蒙古高原
沿着成吉思汗走过的足迹
他看见了一代天骄
创造的奇迹
不仅仅是蒙古人的后代
全世界无数的人
都对这位英雄敬畏
及景仰

教授从蒙古高原
又回到了
江水滚滚奔流的
长江中下游平原
教授在稍纵即逝的时光中
带领自己的弟子
选择重大的课题
和主攻的方向

教授又想起成吉思汗
教授仿佛看见了
成吉思汗正高举着苏勒德神矛
朝着一个选定的主攻方向
无所畏惧地冲锋
败了　先是退却
然后再次冲锋

如果再败了
再冲锋
直至最后的胜利

教授感觉到自己
仿佛也骑上了马背
挥舞着长矛
带领着弟子们
跟随着成吉思汗
冲了过去

叶永刚
2010年10月28日
于珞珈山

教授（之四）

他从广阔天地走来
他当过农民
他走过工厂
他去过银行
他深深地知道
当一个好农民　靠的是种出好庄稼
当一个好工人　靠的是造出好产品
当一个好银行家　靠的是赚取出色的利润
当一个教授呢　他常常在想
靠的是什么呢

也许教授靠的是两样东西
一是好成果　二是好学生
如果一定要在二者之中
必选其一呢
那一定是好学生
因为一个好学生
可以产生
好多好多的成果啊

教授常常告诉自己的学生
我渴望得到的东西
不是在生前　而是在死后
当我离开这个世界之后
会有一批人在我的身后耸然而立

那一天　人们会说
那个家伙真是厉害
培养了一大批的拔尖人才
个个顶天立地

叶永刚
2010年12月28日
于珞珈山

在京山的一个秋晨

——记2010年10月31日在中国银行系统培训中心讲课

是窗外的鸟儿
将我从梦中唤醒
顾不得洗漱
我从床上
一骨碌爬起
冲进田野
和有鸟儿鸣唱的树林
踏进山间的小路
我一口气爬上
一座高高的山顶
山顶上
是一片开阔的原野
原野上开满了
秋天的鲜花
还有渐渐泛黄的野草
一片一片青葱的松林

忽然听见
一种奇特的鸟声
我抬起头来张望
发现一只
拖着长尾的山鸡
正站在高高的树枝上
朝着我唱着

悦耳的歌声
我的情绪
被太阳下的这只鸟儿
一下子点燃
我担心
我的身心已经着火
唯恐走进荒草
会让火苗在山野上狂野地飞腾

我在太阳照耀的荒原上
采摘着被秋风吹红的枫叶
草丛中盛开的金黄色的野菊花
还有紫红色的　粉白色的
叫不出名字的花草

我的鞋底和衣服
已经被秋草的露珠
全然打湿
我仍然顾不上那些
一个劲地
在花草中采摘
在树林里欢唱
在荒野上飞奔

我气喘吁吁地
回到绿树掩映的课堂
我用手中的花束
吸引着学员们

渴望的眼睛

我告诉大家
这一片红叶
是我国当前的经济形势
这一朵野菊花
就是我们国家的金融前景
还有这一颗狗尾草
点头而不弯腰
那应是我们一种成熟性格的象征
还有这一根红茅草
那说明大家朴实而又深情

我将这一束从山野上采来的花草
献给大家
愿今天我的发言
就像这一朵朵花一棵棵草一样
给大家带来
无限的愉悦
也愿在座的每一位
都像这里的花草一样
芬芳和欢欣

叶永刚
2010年11月1日
于珞珈山

博士楼夜窗

仿佛每一个窗口
都有一双大手　伸出
在深邃的夜空
不停地摸索

叶永刚
2010年11月22日
于珞珈山

使命

今夜有一场报告
我会站在　无数双渴望的眼睛面前
反复地宣讲
关于使命

大学生的使命　是一个开放的体系
就像一条奔流不息的河
可以看见河面上
翻滚着一朵又一朵的浪花

大学生的使命　有人类的
人类走到今天　渴望着
能有一个绿色的环境
能有一个和谐的社会氛围

大学生的使命　有国家的
中国　我们的祖国
从历史的深处走来
在经济上走在世界的前列
在中国今后的三十年中
这将是这片土地上
会反复回荡着的强音

大学生的使命　有家庭的家乡的

每一个大学生必须十分清醒
他自己　并非仅仅属于个人
在他的身后
还有兄弟姐妹
还有父老乡亲
那一双双期待的眼睛

大学生的使命　还有个人的
既然走进了大学
那就意味着
他有了一种
社会的责任
要去为大多数的人
去做大多数人
很难做出的事情

站在我面前的各位
我所说的这些
你们
是否已经听清

叶永刚
2010年12月13日
于珞珈山

夜曲

题记：2010年12月16日夜，与柳孟云在广西崇左的一个边境小镇畅饮。

在祖国的西部边陲
一座美丽的小城
竟然巧遇
一位昔日的武大学生

一个小馆
一瓶小酒　相对而坐
开怀痛饮
畅谈小城边境
边地的风情
昔日的校园生活
还有估摸不透的人生

一盆小粥
煮透了山中的野味
大海的奇珍　香啊
香透了山下
月光中的泉声

举起小杯　喝吧
喝完了一瓶
我俩再来一瓶

想一想北国
还是冰天雪地
而此时此刻
我们所在的地方
却已花香鸟鸣
喝吧　有什么理由
不开怀大喝

想一想不久的以前
这里还是一片炮火硝烟
而今夜　在这里喝酒的人们
说不定正是那时
相互揣着枪
蹲在哨所的士兵
喝吧　有什么原因
不开怀畅饮

我们举起酒杯
谈到了这里的变化
谈到了不久之后
这里将会崛起
一座挺拔的新城
这里的商品物流
将会和人流一起
源源不断
甚至无数的人们
将会在这里定居
尽情享受这里的

青山秀水
以及空气的清新

我们相约
下次再来　一定一定
再来这家小馆
一样地纵情痛饮

叶永刚
2010年12月21日
于珞珈山

我走过无边的蔗林

我走过广西
走过浓绿的蔗林
丛山峻岭之间的蔗林呀
就像一片绿色的大海
就像天空中舒展着的　飘荡着的
无边的彩云

我看见眼前
每一棵甘蔗
正在变成
一棵棵高耸入云的大树
而甘蔗林正在变成
几乎密不透风的丛林

我看见身边
每一棵甘蔗
不仅是一株大树
而且正在变成
一座座挺拔的山峰
而一座座的山峰
又变成了莽莽苍苍的山岭

我看见眼前
每一棵甘蔗
不仅生长成为高耸的山峰

而且它的每一节每一寸
正在变成闪亮的黄金

甘蔗林啊　你知道吗
我来了　我来自滚滚的长江
我来自美丽的东湖
我来自珞珈山间
那一群从事金融研究的人们

我来了　我的手中
高举着一柄火炬
火光闪闪　照亮着
深深刻写的名字
金融工程
也许你难以相信
我的火炬照耀着的地方
连地上的泥土
也会变成黄金

我来了　我的身后
跟随着一个
威武雄壮的团队
有一批出色的教师
也有许多十分优秀的学生

我来了
我在甘蔗林中
正敲响着一面铜鼓

我在咚咚的鼓声中
向这里的山水　这里的人群
和这里的神灵
发誓
我要为这里的甘蔗和人们
谱写一曲
响遏行云的歌

叶永刚
2010年12月21日
于珞珈山

走过黑夜

他走过黑夜
像学生一样　提着一个书包
刚刚翻过那书
他还记着书中
那一个接着一个的问号
他感觉到自己
就像夜空的一颗星星一样
在无边的夜色中
默默地游移

他在问自己　在这黑色的冬夜里
冷吗　饿吗　寂寞吗　孤独吗
他摇了摇头
因为他想到自己
正穿着厚厚的棉衣
正藏着一个塞满了饭菜的胃囊
正走在回家的路上
正想起了亲友和学生们的笑脸

他又在问自己　在这黑色的夜里
既然衣食无忧
是否该做一点像样的事情呢
他反复提醒自己
对　应该尽可能
多读一点书籍和文献

并且　抽空就写
将自己走过黑夜的所思所想
写下来
留在身后

他加快了
在黑夜中的步子
地上的砂石
在他的脚下
由于相撞
而溅出了点点的星火

叶永刚
2010年12月27日
于珞珈山

第七章

我们奋斗在2011

熊志刚和他的三件“宝物”

题记：2011年元月12日晚，熊志刚回来看望团队，我给大家介绍。

同学们
这就是我们的熊志刚
昨天和大家一样
在这里读书写作忍受辛苦
今天回来　仅仅两年半的工夫
已经是喜气洋洋　业绩显著
他尽管已经毕业
但是他给我们团队
留下了三件
让我们难以忘记的“宝物”

第一件是一张发黄的旧报纸
他在二〇〇四年
拿来找我　告诉我
一九九八年　我从报上
看到了您的这篇文章
我就立下誓言
一定要在您的门下读书

第二件是他寝室的一台电扇
又大又破又旧
而且一发动的时候
咚咚地响着

就像一头
哼哼唧唧的肥猪
我们的团队　激战三伏
他每天抱来电扇
为大家热情服务

第三件是大碗茶
他从市场上
买来一包　花红叶子
每天为我们
泡上满满一壶
放凉的时候
让大家仰起脖子
咕咚咕咚
于是在这炎热的盛夏
我们每一个人都感到了
格外的凉爽和舒服

希望大家
还是给熊志刚
鼓一鼓掌吧
且不为别的
就冲他留下的三件“宝物”

叶永刚
2011年1月13日
于珞珈山

在樱花和油菜花一起开放的日子里

——在周末晚例会上的发言

在校园的樱花
和田野的油菜花
一起开放的日子里
让我们想一想　好吗
如果我们没有一种欢乐的心情
如果我们没有一种蓬勃的生机
如果我们没有一种烈火般燃烧着的远大理想
如果我们没有一种不到长城非好汉的冲天豪气
那么我们
还有没有做人的道理
还有没有生活的意义

叶永刚
2011年1月28日
于珞珈山

教材

为这学期研究生的“金融工程”课程
我选了一本教材
陈松男先生的最新版本

袁志辉同学战战兢兢
在办公室找到我
班上的同学们
要他向我反映
那本书太难
能不能换一本

我让他转告大家
不能换
面对困难
我们应该迎难而上
而不是退避三舍
甚至吓得胆战心惊
小伙子
给我当好助手
下次上课
我来给大家鼓劲

袁志辉走了
我的头脑十分清楚
面对本学期的课程

我肩头的担子
实在不轻

叶永刚
2011年2月25日
于珞珈山

看看学生及家长们的笑容

看家长
带着学生
来到我的身边
交给我
要我举起皮鞭
朝着他们的懒惰
无情地抽打

于是我将学生留下
将家长们送走
我让学生将低着的头
抬起来
然后使他们渐渐地
露出笑容
然后让他们和我一起
摩拳擦掌
去冲锋陷阵

学校毕竟就像部队
铁打的营盘流水的兵
要不了多久
学生们就要离别

当学生和家长们
又站在我的面前

他们在一起笑着
这一次
家长们笑着
挨着自己的孩子
就像拥着
一位得胜的将军

学生和家长们
在学生毕业时的笑容
就是对我们
这些教书先生
最大的安慰
知道吗
你们的笑容
就像大地上的春雨
可以湿润我们的眼睛

叶永刚
2011年3月6日
于珞珈山

我见证

——2011年3月11日在曲锴和吴盈结婚典礼上的致辞

我见证
尽管你俩相亲相爱
但是总的来看
还是新郎主动
新郎追求新娘
新郎追求的时间
很长很长
今天终于
如愿以偿

我见证
当年曲锴的父亲
带着儿子找我
希望孩子
能一边工作
一边读书
我的回答
非常坚决
你的孩子
是可造就之才
只有一个选择
全身心读书做文章

我见证

新娘的母亲
询问我关于新郎的情况
我回答
尽管小伙子瘦一点
但身体非常健康
尽管小伙子矮一些
但成绩非常出色
尽管小伙子目前
手头并不宽裕
但他日后手头
一定不差钱
新娘的母亲说
同意叶老师的结论

我在这里
不仅为二人证婚
而且我在这里
还向二人提出希望

我希望
二人今后更加努力工作
我希望
二人今后会更加孝敬父母
我希望
二人今后携手共进　白头偕老
我最后希望
他们二人今天的庆典
给在座的各位

带来无限的快乐
无限的幸福
无限的回忆
无限的想象

叶永刚
2011年3月11日
于珞珈山

请你们提醒

——致我得意的弟子们

请你们记住
我们今年　一定要完成
产业金融工程
区域金融工程
我们明年　一定要出版
宏观金融经济学的作品
如果我懒散了
请你们督促
如果我遗忘了
请你们提醒

叶永刚
2011年3月12日
于珞珈山

喜糖

——致赵阳同学

老师
给您喜糖
我结婚了
谢谢　谢谢新郎
能发表一下新婚感言吗
希望在座的每一位同学
给赵阳同学鼓掌
幸福是吧
快乐是吧
希望每一个还没有结婚的人
遇到合适的人
还是要结婚
否则
这一辈子
也许会留下遗憾

小伙子
再给一些喜糖好吗
中国有一部伟大的诗集
叫作《诗经》
《诗经》里说
执子之手
与子偕老
婚姻大事

说简单　也简单
就是要找一个伴侣
因为生活不容易
风里雨里
需要的是风雨同舟
同甘共苦

吃了你的喜糖
不能不给你说上几句
请大家再一次
为他鼓掌吧　再一次
让我们和窗外的青山绿水
一起为他们祝福

叶永刚
2011年5月8日
于珞珈山

广阔天地随想

想起了毛泽东
毛泽东在革命最困难的时刻
写下了
星星之火　可以燎原

想起他　号召知识青年
上山下山
告诉大家
广阔天地
大有作为

目前
我正带领着自己的团队
南下广西
走进农村

我们做好了试点方案
在崇左市扶绥县
我们相信
扶绥县之火
可以燃遍整个八桂大地
我们看到了广阔天地
真的　我们的金融工程
大有作为

从县
到市
到省
到中东西
到全中国
直到全球
全球金融工程的旗帜
一定会在珞珈山顶
高高地飘扬

叶永刚
2011年5月9日
于珞珈山

我与期权

憋了我起码十几年
弄不懂外汇期权交易之中
那个期权定价公式
如何进行数学推导
有一天夜半三更
在美国伊萨卡的一片
原始森林之中
忽然弄懂了
数学推导
简直欣然若狂

归去来兮
将那些顶尖的文献
哼哧 哼哧
拉回我的祖国
我们在华夏的大地上
扬起金融工程专业的大旗

又一次去到美国
在南部的一片丛林之中
手捧着一本崭新的教材
猛然发现
其实数学推导
并非数学
而是一种

业务操作的策略

归去来兮
将这本教材
带回美丽的珞珈山
让每一个金融工程人
能在这里感受
又一股更为清新之气息

又有一天
在美丽的东湖之畔
我们再一次发现
期权公式
可应用于宏观经济

我和我的学生们
又进入一个新的阵地
我们的号角吹响了
冲吧冲吧
为了又一次的胜利

叶永刚
2011年5月12日
于珞珈山

开山者

在铜浇铁铸似的石山上
打出一个又一个的炮眼
然后放进雷管炸药
用泥土填实

用烟头点燃
撒腿就跑
在老远的地方
躲着　听轰隆隆的山呼海啸

于是石头开始松动
我们拿起铁锹铁镐
朝着松动的石缝
撬卸出一堆又一堆的石料

同学们
这一学期的研讨
我们所使用的
就是这种开山采石的硬招
我们最大的收获
就是赢得了信心

从这本很难很难的课本中
我们开始炸石
卸下一块

又一块的“石料”

当我们第一次
捧起书本
面对这座“石山”之时
我们感到艰难
可是今天
当一学期下来
我们坐在这里
感到了自信和自豪
可以毫无愧色地说
我们已经越过了
很多人不敢跨越的壕沟
正在朝着一个新的起点
迅猛奔跑

叶永刚
2011年5月12日
于珞珈山

极品

——在2011年金融工程博士专题课程上的结束语

这一学期
我将课程
进行了一种创新
即每一次
我给你们
带来一种茶叶
每一种茶叶
都是极品

茶叶如此
课程亦如此
我们每一次
都挑选出一篇或两篇文献
每一篇
都是经典论文
都是学科领域的丰碑
都是一盏盏闪亮的指路明灯

读小说
不也应该这样吗
读莎士比亚
读托尔斯泰
读高尔基
读鲁迅

读哲学
不也应该这样吗
读亚里士多德
读柏拉图
读黑格尔
读康德
读马克思
读诸子百家
还有易经

做人做学问
不也应该这样吗
心里不仅装着自己
还应该装着别人
装着大多数人
去为大多数人做出
他们很难做到的事情

本学期课程　告一段落
你们还年轻
还有很长的路要走
祝大家一帆风顺
处处极品

叶永刚
2011年5月25日
于珞珈山

清醒

二〇一一年的六月
将会是一个轰轰烈烈的月份
我们会让股权交易中心揭牌
我们会在北京举办一个论坛
我们会让风险报告出版
我们会……

千言万语
最后一句话
我们会更加清醒
好长好长的时间
已经没有静下来读书了
我们必须强迫自己
坐下来
静下来
就像强迫自己
不要喝酒一样
强迫自己
读书

首先读经济学
然后读金融经济学
要琢磨宏观金融工程的理论基础
要不然

有人会攻击我们基础不牢　功夫不深

叶永刚

2011年6月18日

于珞珈山

当我像吃了苍蝇一样

经常有一种感觉
就像吃了苍蝇一样
但是不能说
说了
会得罪人
说了
会惹出麻烦

不能说的
就不说吧
吃了苍蝇
就认了吧

难道这不也是
人生的另一种体会吗

叶永刚
2011年7月3日
于珞珈山

批评

这是教授手中的一个利器
对学生
要批评
千万不能让学生
只能听好话
听不得批评
批评要把握分寸
要看学生的承受能力
批评要留有余地
批评要抓住要害
批评之后　一般说来
要有表扬
要给学生应有的鼓励

批评的关键
在于批评者的出发点
一个字
善

叶永刚
2011年7月3日
于珞珈山

研究团队

从自己一个人拿着笔杆子和教鞭
单打独斗
到现在带领着一个团队
冲锋陷阵
这是一个跨越
如果说过去更多地需要脚踏实地
埋头苦干
那么现在更多需要的
却是深思熟虑的战略眼光

要看清社会需要
要给自己的团队指明方向
要用人　把适合的人用到合适的岗位
并且要让每一个人
恰如其分地发挥自己的作用和特点

如果说过去较多的是在表现自己
那么现在则要更多地为别人服务
让每一个人都有自己的活动空间
弯下自己的腰来吧
让别人从自己的肩上
一个劲地　向上攀爬

叶永刚
2011年7月3日
于珞珈山

对不起

——致某学生

对不起
上一次你向我请假
要去照顾外公
并且予以护理
我未能马上答应
结果
你的外公走了
给你留下了一个
终生的遗憾

下次你的母亲来汉
请你一定告诉我好吗
我来请客
你父亲早逝　妈妈拉扯你长大
很不容易　所以你的外公
对你格外疼惜

你妈妈来了
一定别忘了对我讲啊
你毕业后工作的时候
也要记住
一定要让你的妈妈
很幸福

从家里回来了
那就先安心下来吧
老人走了　也不要太伤心
那是自然规律
生活如果有困难
你一定告诉我
我会帮你处理

这一阵子忙完了
我再来与你商量
博士论文
如何选题

叶永刚
2011年7月5日
于珞珈山

战略与战士

今年是“十二五”期间的第一年
打了几个硬仗
一是完成了中国与全球金融风险报告
二是在北京　祖国的首都
举办了一个重要的论坛
三是在武汉大学　请来了赵省长视察

俱往矣
“十二五”期间
我们的战略目标在哪里
莫不是宏观金融风险控制下的经济发展
我想问

我们的产业金融工程及其应用
我们的区域金融工程及其应用
我们的国家金融工程及其应用
我们的全球金融工程及其应用
我们的步伐
与中国在全球日益增长的引领作用相一致

我们每年都要去北京
向国内外大声发言
我们的战略
就是武汉大学的战略

我们　这一群珞珈山的莘莘学子
为理想而战
我们每一个人
都是永远的战士

叶永刚
2011年7月12日
于珞珈山

怀揣着金钥匙的人

——致潘雪

你踏着白求恩的足迹
不远万里
来到中国
你是我们
这个班上
唯一的留学生

你是追着月亮来的
也许你失去了你的月亮
可是在这片土地上
你有可能获得的
却是一轮光芒万丈的太阳

我希望你
既来之
则安之
一定在这片土地上
修完自己的学业

这里不仅有美丽的校园
以及烂漫的山花
这里还有伟大的中国文化
让你在今生今世

可以找到幸福的天堂

这里不仅可以使你
找到中国与外国许多不同的地方
这里还可以让你
在离开这片土地的时候
成为一个
怀揣着金钥匙的人
有一把金融工程的金钥匙
会在你的怀中
闪闪发光

这把金钥匙
它不仅可以
开启你自己的致富之门
还可以让无数的人
跟着你分享幸福的时光
学完了再走吧
这里的文化
会成为全世界共享的文化
这里的经济
会成为最强大的经济
你在这儿学完之后
你会怀揣着
自己的金钥匙
走向那里
那里的人们

就有可能跟随着你
就像你跟随着
让芝麻开门的阿里巴巴

叶永刚
2011年9月19日
于珞珈山

你从山里来

——致某学生

你从山里来
浑身上下都散发着
泥土的芳香
我非常非常清楚
你的家　至今还在
山坡上的那一排窑洞

每逢过年
你从家里
给我带来礼物
野兔　苦苦菜
还有野杏干

别忘了
贫穷的还不只你的一个家庭
有多宽广的土地
就应该有多重大的责任

好好地学习研究吧
我给你一个意义深远的题目
县域金融工程
做完了这个项目
希望你回到家乡

争取成为一名县长
让所有的老百姓
都能享受到
武汉大学
这个中国的一流大学
给中国的乡村
带来的温暖和福分

做不了县长
也不要紧
做一个学者
也可以
去给那里的山村
送去一片光明

叶永刚
2011年9月19日
于珞珈山

关于重大公关项目

第一次失败了
紧接着写出了宏观金融工程
第二次失败了
完成了宏观经济资本项目
第三次又失败了
这一回的选择该是什么呢
应该是开放条件下的宏观金融工程

感谢项目　感激失败
由于它让我们受尽了挫折和困难
我们才有可能在人生的旅途上
创造出
一个又一个的出色成绩

叶永刚
2011年9月20日
于珞珈山

挫折

在挫折面前
难道只是一味地忍受
就行了　就够了吗
古人云
艰难困苦
玉汝于成
磨难只是手段
不是目的
目的就一个
“于成”
成什么呢
成玉也

叶永刚
2011年9月20日
于珞珈山

山路

——在璩璐同学婚礼上的致辞

(一)

我是一个已经奔六十的人
在我这个年龄
很少有事情
可以让我激动
可是今天
大家可以看得出来
我不仅激动
而且非常激动

(二)

我真想将我们美丽的珞珈山
碧绿的东湖水
将我们南面的九宫山
东面的大别山
北面的桐柏山
西面的武当山　神农架
还有长江三峡
还有天上的太阳　月亮
还有无数的星星
统统都搬到这里
来分享这一对年轻人的幸福时光

（三）

我深深地知道
今天举行婚礼的地方
是孩子们的天堂
可是我还知道
通向这个天堂的路
连着偏远的深山老林
孩子们的父母不是坐飞机来的
不是坐高铁来的
也不是骑马来的
他们是背着背篓
沿着台前那位王原平老师
所写的那首《山路十八弯》中的
那条弯弯的山路
一步一步
攀爬而来的

孩子们
在这幸福的时刻
请你们不要忘记
今日的天堂来之不易
你们一定要有一颗感恩之心
而且应该接下这只背篓　继续攀爬
登上更高的山顶
在爱情上　你们可以而且应该
自私和排他
可是在为人处事上
你们可不能　心中无他人

作为老师　作为长辈
我衷心地祝愿你们幸福
也真诚地希望你们
孝敬父母
助人为乐
工作努力
鹏程万里

不仅要让自己甜蜜
让家人幸福
让同事高兴
别忘了
还有一个崇高的使命
那就是要为全人类做贡献
有些事理
需要老师说教
有些事理
需要你们自己领悟
我相信你们
一定能够做到无师自通
不辱师门

（四）

还没有成家的先生们女士们
还没有恋爱的男孩子们女孩子们
你们大家在今天的婚礼上
都看见了吧
都感受到了吧

相恋是多么幸福
婚姻是多么美好
愿今天的时光
能让你们每一个人
都能如愿以偿
花好月圆

已经恋爱和成家了的人们
愿今天的这个大喜日子
也能给你们带来
幸福的回忆
和无限的想象
谢谢　谢谢你们
给了我那么多的鼓励和掌声

叶永刚
2011年10月3日
于珞珈山

请滚滚的长江作证

——在陈锐、胡文琴婚礼上的致辞

（一）

尊敬的各位来宾
女士们
先生们
谢谢你们
给了我一个
千载难逢的机会
让我能和大家一起
在这儿分享
这两位年轻人的最幸福的时光
并且在这里
为这两位年轻人主婚

在这里
我要怀着万分激动的心情
请窗外滚滚的万里长江
以及一望无际的江汉平原
庄严地作证
这两位年轻的朋友
此时此刻
成了这个世界上
最幸福　最甜美的人

（二）

刚才大家都听见了
新郎介绍
他的求婚经验
那就是一个字
“骗”
接着又在前面
补充了两个字
用心
我在这里作证
他说的千真万确
不过还要补充一句
师生一起上阵

作为陈锐的指导老师
不可能不偏心
当小胡问我
陈锐以前谈过朋友没有
我一口否认
当小胡再问
他是否挨过老师批评
我马上将自己的头
摇个不停
当小胡还问
他家的那个未来的公公
到底怎样
我连忙说
请你放心

那是一个
天大的好人

（三）

作为长辈和老师
我们深知
孩子们今天的幸福日子
都来之不易
都是父母
用心用血
浇灌而成
因此我们希望
孩子们成家了
要有一颗
感恩之心

感父母之恩
感亲友之恩
感学校和工作单位之恩
感使之生使之长的大地之恩

我希望孩子们
百尺竿头
更进一步
在人生的旅途上
牵手并肩
不断奋进

（四）

最后
我在此祝愿
这两位年轻人的美好时光
能给在座的每一位嘉宾
都带来幸福
带来快乐
带来好运
谢谢

叶永刚
2011年10月3日
于珞珈山

辈分

——2011年10月2日，在童若谷、鄂威婚礼上的致辞（节选）

讲到这里
我忽然想起了“辈分”
童若谷是我的研究生
鄂威是我的研究生的研究生
尽管是研究生同学
可是完全不是一个辈分嘛

所以童若谷同学
不仅是鄂威的小师妹
而且还应该有另外一个名称
（有人在台下插话　叫作“师姑”）
鄂威　你听见了吗
你可不能随便欺负童若谷啊
你要是欺负她
就是欺负你的“师姑”
不仅我作为老师不同意
我门下所有的这些弟子
恐怕都会要你当心

叶永刚
2011年10月3日
于珞珈山

莉茅草之议

——2011年10月14日在中国银行湖北省分行京山培训班上的演讲（节选）

我从书包中
拿出从野外采来的一把野草
问大家
你们看见了吗
我手中拿的是什么东西
认为自己能够回答的
请将你的右手举起

齐刷刷地
有许多人毫不犹豫
将手举得高高
唯恐他人争得第一

我问其中一个
你说说吧　这是什么东西
他信心百倍地回答
狗尾巴草
我又问他们
你们这些举手的人里面
有多少人同意他的回答
请再将左手举起

不少的人

又毫不迟疑地
将左手举起
我告诉他们
答案是错的

举起右手者中间
只有一个人起来说
这种草叫作莉茅草
可以用来搓绳拉犁

我对该学员大加赞赏
号召其他的学员应该向他学习
他在基层工作
对事物观察仔细

从他的回答
我们不难看出
他不仅在农村待的时间很长
而且具有很扎实的农事活动功底
这种野草生长在田头地角
荒山野岭
用它搓的纤绳
不仅柔软
而且具有耐力

我们乡下
有一句俗语
叫作“抓住莉茅兜打鼓囚”

说的是做人做事要持之以恒
坚持到底

明天早晨
你们可以到野外观察
这种野草沾满露珠
就像松鼠尾巴
奇美无比

我希望
今天的讲授内容
就像这莉茅草一样
既充满美感
又能让人体会
深远而又耐人寻味的意义

叶永刚
2011年10月15日
于珞珈山

克服低落情绪

题记：2011年11月30日晚，王哲请客，既庆祝论文答辩通过，也给段海磊饯行。

海磊小师弟
在你出国的前夕
我想嘱咐你
那就是希望
你能再继续
克服低落情绪

不要怕自己没别人钱多
我们培养金融工程的学生
从来都是假定
所有的人身无分文
而要培养
用别人的钱
去挣钱的能力

不要怕自己个子矮小
邓小平　矮个子中的英雄
你想想看
该有多少的高个子
在他的面前
佩服得五体投地

不要怕自己谈不上女朋友
先学习好吧
怕什么
回国的时候
如果还没有女朋友
我动员在座的这些同学
一起来帮你解决问题

小伙子　说是说　笑是笑
一旦你踏出国门
你代表的
就不仅是你自己
一定有你的学校
一定有你的祖国

真诚祝愿你
一切的一切
平安
顺利

叶永刚
2011年11月30日
于珞珈山

你战胜了自己

题记：2011年11月30日，王哲顺利通过论文答辩，晚上请团队的全体成员聚餐庆祝，我发言。

让我们举杯
给王哲同学庆祝吧
王哲同学
能够顺利地通过答辩
我很高兴
因为我知道
你的成绩
的确来之不易

当你来到这里的时候
你带着商场搏斗后的疲劳
以及心头上的创伤
还有关于学习问题的深深忧虑
几年来的风雨之途
你跋涉而过
如今你终于抚平了自己
心灵的伤口
理想之火
又重新在你的心中燃起

别人拿到一分
你也拿到一分

可是你我都知晓
这一分于你
有着非凡的意义

记住吧
我们最难战胜的敌人
不是别人
而是我们自己

祝贺你
不是因为你已通过了答辩
而是因为你终于可以大声地说
战胜自己
已经没有问题

叶永刚
2011年11月30日
于珞珈山

第八章

我们坚持在2012

第五次重大攻关

这已经是第五次重大攻关项目的申请了
每一次留给我们的
都是两个字
失败

也许这次
我们仍然
失败

可是我们
一定还要冲上去
因为如果我们不去冲锋
我们就永远不会
获取成功

即使我们失败了
我们下一次
还是会毫不犹豫地
继续冲锋
因为我们深信
失败　就是成功之母

叶永刚
2012年2月2日
于珞珈山

别哭

——致某学生

就在你快要熬出头的时候
你的妈妈终于撑不住了
老天爷不公
让你妈妈一个人
将你拉扯成人
而在此时
竟让她患上绝症

别哭了
擦干自己的眼泪吧
你目前最好的选择
就是做好论文
通过答辩
让你的妈妈
能够在她的有生之时
看到她的心血
没有白花

如果有困难
你一定随时告诉我
作为你的老师
请相信
我一定会尽力而为

艰难困苦
使你坚强
而你和你妈妈的际遇
同样也让我感到了
生活的不易
更深深地懂得
我们必须勇往直前

叶永刚
2012年2月9日
于珞珈山

教三楼门前有一棵大树

——2012年2月13日，在金融硕士班金融工程案例课堂上的发言

这是二〇一二年的第一堂课
也是这片土地上
第一次开这门课
也是我和宋凌峰老师
第一次合作
开这样一门课

我愿意给这次讲课
留句印象深刻的话语
那就是教三楼门前
有一棵大树

你们看吧
那棵大树占地
一亩左右
那是一棵雪松
它的树干
直插云天
枝头
白云悠悠

我进校时
它就站立在那里

我读完本科　硕士　博士
它在那里　依旧挺立
今天我作为一个教授
在这里给大家上课
它仍然在那里屹立
给我们遮风挡雨
仿佛时时刻刻
都在将美丽的校园守护

走进树下教室
站在大家面前
我在想这门课程
难道不就是
要让你们
让每一个人
都成为这样一棵大树
无论挺立在哪里
都让人感到
到底你们
不愧为这里所培育

叶永刚
2012年2月13日
于珞珈山

蔡益泉记事

叶教授在博士课堂上
碰上了这个与他同年的留学生　老蔡
老蔡在中国长大　在美国开租船公司
老蔡在课堂上讲了一个故事
他的一个朋友
从中国国内买铜现货
同时在国外卖铜期货
国内买现货用的是人民币
国外卖期货收的是美元
他的那个朋友
已经在外汇市场上
用远期交易将美元换成人民币
做完了所有这些事情之后
就去打高尔夫球
日子过得很快活
也没有什么风险
但是这个朋友最后还是出了问题
因为他日子太快活了
终于憋不住了
在他的面前
还闪现着更大的诱惑
他可以用现货和期货来投机
将封闭着的资金链条变成敞口
一旦开始冒险了
就很难不翻船

套利者就变成了投机者

老蔡讲完这故事
叹了一口气
人的欲望这个东西
比金融工程还难对付呀

叶永刚
2012年3月6日
于珞珈山

第九章

我们跳跃在2013

老话

——致赵振宗

二〇一三年的春天
你告诉我一个绿色的消息
从本学期开始
你担任院长一职
你说
你感到很大的压力
除了祝贺之外
我还是那两句老话

关于喝酒　喝完之后
说出的每一句话
都要经得起推敲

关于工作能力
最难征服的敌人
不是别人　而是自己

叶永刚
2013年2月26日
于珞珈山

在花朵的生日里

——在陈博特、吴阳婚礼上的致辞

（一）

各位嘉宾各位朋友
大家好　今天是二〇一三年三月二十三日
既是二位年轻人的婚庆之日
也是农历的“花朝”
“花朝”者花之生日也
所有的花朵
几乎都在这个日子盛开
我们珞珈山的樱花
正在这个日子开放
黄河长江大海
仿佛都一起捧起了
鲜艳的花朵
在这个日子里
为这一对年轻人
致以深深的祝福和厚爱

（二）

我在这里
想起一件往事
有一天　我们的博特兄弟
找到我并告诉我
说他正为女友的事情着急

我告诉他
帮忙可以
但有一个条件
你能答应我
真心去爱那个女生吗
他微笑着点头
表示同意

我又要他带来女友
我告诉他的女友
帮忙可以
但是有一个条件
你能答应我
你不抛弃他吗
她也微笑着点头
表示同意

我又干了第三件事情
打电话给陈博特的父亲
我告诉他
帮忙可以
但我要问清楚
您是否同意
如果同意
我建议
干脆两家的父亲
坐在一起
吃一席酒席

陈博特的父亲说
只要孩子们没意见
我们肯定同意
至于酒席嘛
最好还是延期

于是我们就有了
今天的盛宴
就有了这两个年轻人
庄严而又隆重的婚礼

而我作为一个老师
亲眼见证了
这两个年轻人
纯洁而又深远的爱情
并且在这里
祝愿他们今后的日子
就像花朵一样灿烂
就像朝霞一样绚丽

(三)

我真诚地希望他们
不仅要自己高兴
而且要让周围的人高兴
让双方的父母
让单位的领导同事高兴
如果能让更多的人高兴
那就是年轻人日后的造化

我深信　他们一定能够做到
并且毫无问题

同时我也希望
今天这个日子
不仅能够给这两位年轻人
带来幸福和美满
也能给在座的每一个人
带来快乐和欢喜
谢谢大家　谢谢

叶永刚
2013年3月29日
于珞珈山

您在春天的日子里走来

——致张蕾

你在春天的日子里　像春天一样
朝我走来
你给我送来了　一盒精美的虫草
那不仅仅是礼物
那简直是一个欢乐的大海

你说　同学们回来了
大家多么希望能够见到您
听您用海一样的语言
给我们一如既往的激励
大家都谈到了
当年您送给我们一句话语
做一个受人尊重的人
我们至今　仍然珍藏在心底

我想起来了
我记得我那时说
你不一定能够成为一个高官
你也不一定能够成为一个巨富
但是要做一个受人敬重的人
如今看来你完全可以

叶永刚
2013年5月2日
于珞珈山

春天的思索

学习　别忘了创造　否则
掉进了书袋子　成了书呆子
进去了　出不来
读书　既要读有字之书
也要读无字的
读有字的
是为了帮你读无字的
无字的是一本更大的

叶永刚
2013年5月2日
于珞珈山

我的生命在呼唤

我的生命　我听见
在原野
在天空
在奔腾不息的江河
在浩渺无际的大海
呼唤
我要读书

叶永刚
2013年5月2日
于珞珈山

课前

窗外春雨沙沙
雨中布谷声声
万物此时此刻
都在散发着一种气息　春

如果追问
为什么今天　我们来到这里
在这里展开关于
金融经济学的讨论
总会发现前面　模糊不清

但是我在想啊
我们每一个人
一定要背负着
三个关键词　一个叫作使命
一个叫作高兴
一个叫作科学精神
只说这些了
现在该你宣讲了
我们大家
洗耳恭听

叶永刚
2013年5月8日
于珞珈山

成本收益分析

教师对学生所做的一切
是不能够使用经济学的成本收益法来分析的
对学生的投入理应诲人不倦
对学生的产出只能要求他们成为栋梁之材
教授的绩效考核很有可能在于
教授离世之后　那些成果的影响
那些学生的作为

做教授是不应该去指望自己的学生日后
如何回报自己
真正的教授应是　淡泊明志心静如水
对学生努力做到“润物细无声”

叶永刚
2013年6月11日
于珞珈山

理想之火

总想给每一个学生
点燃一把思想之火
不仅在校期间
不断地燃烧
而且踏上社会
即使受过千般打击
万般折磨
依然不灭

叶永刚
2013年6月11日
于珞珈山

考研咨询

教授像所有的人一样
生活在社会之中
也有亲朋好友
七大姑八大姨
教授不能不食人间烟火
遇上孩子们要考研
一定会有人上门咨询
答曰　首先让他们立志
咬准一个字　考
考不上武汉大学
还有全国调剂
全国调剂不成
还有出国读研
还有一边工作一边读
总而言之
天生我材必有用
天无绝人之路
然后该吃的吃
该喝的喝
不亦乐乎

叶永刚
2013年6月12日
于珞珈山

书稿

每一次
看着一叠厚厚的书稿
就会有一种感动
一种十分强烈的感动
被自己和团队的辛劳和心血所感动
我又想起我过去在团队的一种说法
我们太忙了
以至于没有时间
抬起头来
静静地思考
和喜悦地欣赏
我们自己创造出来的作品

叶永刚
2013年7月23日
于珞珈山

上班之路

几乎所有人都放假了
我依然带领着团队
在酷热的夏天　上班

特意不走林间的小路
而是走过山下的街道
就是为了看一下山下的这些居民
如何在为生活奔波
就是为了看一眼盛夏的东湖
如何在晨风的吹动之下　泛着微澜

教授的日子
既有诗情画意
也像每一个人一样
操劳费心　压力无限
死猪不怕开水烫吧
依旧每天走在上班的路上
依旧给自己的团队鼓励
依旧写几句小诗
缓解一下自己
时时背负着的压力和枷锁

叶永刚
2013年7月23日
于珞珈山

致某位学生

大概有二十年了吧
你又来到了我的身边
给我送来了一束
美丽的鲜花
你依然
那么活泼
那么爽朗
那张嘴巴
依然那么乖甜

二十年
仅仅弹指一挥间
你的变化虽然很多
可那性格
为什么依然没变

能不能今后
在你的工作岗位上
少说话
多做事情呢
能不能
在对人夸奖和赞美之时
把握一个
适度的分寸呢

当你离开的时候
我祝你幸福
祝你快乐
可是有一句话
我想说
又留在嘴边
我真担心
你对人过分的赞颂
会让人感到不悦

叶永刚
2013年7月26日
于珞珈山

推荐信

你为了你的前途和命运想出国
要我写推荐信　没错　好事
我作为一个老师
能帮忙的地方
一定答应
可你在数字上
信息不真实　不是最好的
为什么要这样写呢
不是最好的5%
为什么要这样写呢

改正过来吧
改好了　你再拿过来
我在这里
等着

叶永刚
2013年9月18日
于珞珈山

旗帜

离远了
炮火硝烟的日子
人们还会想起
旗帜　那在枪林弹雨中
有人扛着
有人护着
一直冲向胜利

我们依然扛着
一面旗帜
旗帜上面几个大字
清清晰晰
金融工程
我们的口号是
要把它插遍
中国农村的大地

叶永刚
2013年9月20日
于珞珈山

秋天的果树之下

秋风吹熟了树上的果子
采着果子的学生们来了
学生是树下飘动着的果子
一样散发着馨香

摘果子的学生
也像果子一样五颜六色
有的全身心地摘着
几乎将每一颗果实
都采摘下来
送上了装载大车
运送到四面八方

而有的学生
则趁人不注意的时候
将最熟的果实
装进了衣兜
这样的学生
太在意自己的口味
而不太在乎
周围的人们
对于这种行为的界定
以及那些不以为然的目光

此时此刻

我不是作为一个诗人
而是作为一个老师
在想
我在适当的时候
一定会以适当的方式
让他们今后无论在哪儿采摘
都不会贪心和违章

叶永刚
2013年9月21日
于珞珈山

我幸福之极

在南一楼　一个教室里
我在上课
我不知道
在这个教室里
我有过多少
关于上课和听课的记忆

我记起了有一次
我在教室里上课
窗外春风习习
就像甜甜的细雨
我高兴

我记起了又有一次
我在这里上课
我听见有一只布谷鸟
就在窗外的枝头歌唱
一刻也不肯停息
我快乐

我记得还有一次
我在教室里上课
窗外的梅花开了
接着一阵
香气扑鼻

我喜悦

今天我在这里上课
窗外有一只画眉啼鸣
我停下我在课堂的讲授
告诉讲台下的学生
听闻窗外的鸟声
还有我接下来关于过去的记忆

我和大家一起
简直幸福之极

叶永刚
2013年9月22日
于珞珈山

当果实压弯枝头

当树上的果实　沉甸甸的
压弯了枝头
人们往往只看见了
秋风中的金色与丰收

要知道　任何的辉煌背后
都有着无限的辛酸
而无限的辛酸
并不一定意味着
沉甸甸的丰收

叶永刚
2013年10月1日
于珞珈山

花椒

采摘一把花椒树的种子
精心地包藏
是想待到来年
春天的时节
播下一片
火热的希望

叶永刚
2013年10月1日
于珞珈山

二〇一三年国庆

今天是共和国国庆的日子
当天安门广场的早晨
战士们还在
庄严升旗的时候

我　共和国的一个子民
在珞珈山的林间
用我业余歌者的歌声
将林中熟睡的鸟儿唤醒

我要告诉
林中的每一只小鸟
当我唱完了这支歌曲之后
我就要下山了
我就要带着我的团队
到我们祖国的四面八方
去宣讲和实施
我们创立的理论
和设计的金融工程

叶永刚
2013年10月1日
于珞珈山

种树者之歌

题记：我有一个梦想，我要和我的团队一起，将宏观金融工程之树，栽遍全国，栽遍全球。

我的眼前　一片荒漠
无边无际　看不见尽头
我想植树　我的手中紧握着
一棵茁壮的树苗
我扛起锄头　我要出门了
我要带头在荒野上
栽上第一棵
让它在天地之间
开花
结果
我要带上所有我们能带上的人们
一起出发
我想写一首歌
我们边走边唱
我们边干边唱
我们都是种树的人
哪里有荒漠　哪里就有我们

我们知道　风会刮来
我们知道　沙会袭来
我们知道　雨会打来
我们知道　雪会飘来

我们不怕　我们不怕
我们每个人的一颗心
就是一条小河
我们聚在一起
就是一片汪洋大海
我们用大海的碧波
将浩瀚的大漠灌溉
我们要让树林成荫
我们要让鸟儿歌唱
我们要让碧波荡漾
我们要让鲜花盛开

朋友们　亲爱的朋友们　来来来来

叶永刚
2013年10月4日
于珞珈山

礼物

留给学生的
是专业　叫作金融工程
留给世界的
是诗集　是一颗心灵
处处都写满了
两个字
真诚

叶永刚
2013年10月15日
于珞珈山

放下稿子说吧

——在张培、陈欣婚礼上的致辞

（一）

我从来没有过像今天这样
诚惶诚恐的时候
因为我们金融办的刘美频主任
将张培事先为我
准备的发言稿
藏了起来
并告诉我
武汉大学的教授
在这种场合
拿着稿子念
岂不掉价吗

（二）

我只好硬着头皮
放下稿子胡言了
我记得在张培毕业时
他父母亲专程去到我的办公室
与我商议他们的儿子的择业
我说他们的儿子数学好经济学好
单纯得就像一个纯情少女
最好从教
最好留在武汉大学
他们最后听从了我的建议

留在了珞珈山
在此
代表我们在座的全体老师
和我自己
向张培的父母
表示深深的谢意

（三）

我还想说第二件事呢
有一天
陈欣与张培一起
请我和范老师聚餐
席间陈欣给张培
斟上满满一杯酒
也给她自己斟上一杯
对我和范老师说
我敬你们两位老师
有一事相托
当我们需要“封山育林”时
千万别让张培喝酒
我在此不仅代表自己
而且代表全系老师
向陈欣和张培
及双方家长
庄严地承诺
一定照此办理

(四)

今天在座的嘉宾中
还有从台湾赶来的一位朋友
他是东方彩视的总裁
我们的刘荣辉先生
他要我一定要在这里
代表大伙嘱咐陈欣
结婚之前睁大两只眼睛选丈夫
结婚之后可要睁一只眼闭一只眼
我觉得甚至两只眼都可以闭上
因为我可以负责任地告诉大家
我们武大金融系的老师们
坏也坏不到哪里

(五)

最后
再一次谢谢大家
希望今天的婚礼
能给大家带来
无限的幸福与快乐

叶永刚
2013年10月15日
于珞珈山

植树者之歌

我的校园便是我的苗圃
我在苗圃里撒满种子
我将一棵又一棵的树苗
捧着抱着扛着
将它们栽插在荒山野岭

我绿化了一座山
我又走进另一座山
我要将我的树苗
栽种在峻岭崇山
栽种在大漠戈壁
栽种在一切
需要栽种的地方

我在我栽种的每一棵树上
都写下四个大字　金融工程
我深知
我的岁月　不会很多
即使我
熬尽生命之灯的最后一滴灯油
我也不可能让我的树苗
插遍所有的荒原

因此我懂了
我不仅要树木

而且
也要树人

叶永刚
2013年11月1日
于珞珈山

关于爱情　关于婚姻

题记：2013年11月20日星期三，晚上例会散会之前，我说了一段话。

你们都长大了
都到了可以谈婚论嫁的年龄了
我今天作为过来人
跟你们谈几点
说不上对的看法
供你们批评

第一点
人总有比爱情和婚姻更重要的事情
那就是事业
大家这一辈子
在这个世界上
何以安身立命
那就是你们的专业及综合素质
有的同学以为
那就是找一个好对象
找一个好靠山
都是错的
因为那种靠山
都是难以永远指靠的

第二点

将自己的事情做得愈好
爱情和婚姻
就会愈加顺利
那是因为你用自己的智慧和汗水
证明你的真诚和能力
你不仅会赢得世人
对你的尊重
你也赢得
对象和家人
对你的信任和赞赏

第三点
即使别人不能理解自己
也要善待别人
这个世界上的事情
总是有的顺心
有的不顺心
如果别人没有善待你
你就仇视别人
你就冒犯别人
那你今后会给自己
造成很多很多的麻烦
山不转路转
河不弯水弯

第四点
永远保持阳光的心态
快乐是一种稀缺资源

快乐的人
无论走到哪里
都是受人欢迎的
我希望大家即使在任何困难下
都要积极进取
乐观向上
牛奶会有的
面包会有的
爱情和婚姻更会有的

散会
祝大家晚安

叶永刚
2013年11月20日
于珞珈山

第十章

我们欢庆在2014

签名赠书

这是他每一年最快乐的日子
他拿出新出版的诗集
写上“××惠存”的字样
然后送给身边的每一个学生
并且高兴地告诉他们
等我有一天出名的时候
你们就可以告诉别人
你们看
这是我们老师写的
而且是他的亲笔签名

叶永刚
2014年1月24日
于珞珈山

写在执教三十周年纪念的时候

（一）

今天将会成为我一生之中
一个难以忘怀的日子
因为我的学生们
将会从祖国的四面八方
赶到我的老家黄陂
在木兰山下
一个叫作下叶塆的地方
举办一个执教三十年的纪念会

（二）

清晨起来
夫人问我　你今天准备说些什么呢
我不知道　但是我会感谢他们
他们在万忙之中
不辞辛劳　从老远的地方赶来
能不感谢吗
我的感谢　绝不止这些
我们的金融工程　特别是
我们近些年来
着力打造的宏观金融工程
之所以能够在国内外
具有一定的影响

全在这些学生们的同甘共苦
同心协力

（三）

我会感谢他们
他们的聚会
一定会引起我们
对很多很多往事的回忆
我不会忘记在那些苦苦攻关的日子里
我们一起度过艰难岁月
还记得那天空的夜月吗
我们说 总有一天它会变圆的
还记得韩志广在黑板上画的那只乌龟吗
那只乌龟正在朝着山顶上摸爬
韩志广还在上面写下几行字
我们面带着微笑
面对一切困难
可不是吗 那只乌龟
至今还在我们的眼前微笑着

还记得吗 熊志刚
你曾经说过 我们的金融工程
就是要在石头缝中长出一棵树
长出一棵参天大树来
无论我们金融工程的参天大树是否长起来了
你在珞珈山之夜描绘的那棵参天大树
都永远高高地屹立在我们的心头

还记得吗　张培
当我们又一次在北京打了一个败仗的时候
你怕我们伤心
你告诉大家　叶老师
我们不怕失败
我们回去再干　再接着干
我们一定会成功的

（四）

今天　当我和大家面对面的时候
我会对大家表示深深的歉意
由于我个人的能力和水平有限
在过去的教学和科研的生涯中
心有余而力不足　仔细回想起来
有很多的工作都没有做到位
甚至还给很多同学留下遗憾和麻烦
只好借大家回来之机
希望得到大家的宽恕和原谅

（五）

还会说些什么呢　我真的不知道
也许还应该谈一谈专业的现状
和我们下一步的设想吧
也许还应该给大家一些勉励吧
也许还应该告诉大家
留下几句话吧
下一个十年的时候
我们如果相聚

我们共同写一本书
叫做《叶老师和他的学生们》

叶永刚
2014年4月19日
于珞珈山

叶老师六十大寿暨执教三十年庆典

——我的讲话摘录

因为我从这片土地走出去
所以我希望能将这个日子
放在这一片
曾经生我养我的土地

我首先要感谢大家
在万忙之中　从四面八方
向这里汇聚
就是因为这个让我变老的年纪

我常常在想这样一个问题
尽管我总是极力地
想让每一个人快乐
可是我还是没有做到
还是留下了很多很多的遗憾
所以我明白了
原来我的能力有限
所以我懂了
这个世界上的很多事情
要靠大家一起努力

熊志刚做了一件让我意想不到的事情
在校期间
记录了我的很多语录

竟然编成了一个专辑

彭红枫接过了我的这一棒
希望大家帮他
帮他就是帮我
就是帮这个专业
就是帮大家自己

胡利琴干了这样漂亮的一件事情
居然编出来一个视频影集
还有她选的这幅画
现在大家看见了
上面开满了红花
那是我的意见
叫作万紫千红才是春
就是要看到大家一切顺利

我还想借这个机会
向大家汇报　我们这个专业的业绩
我觉得自己这一辈子
有两件事　让我非常满意
一是在中国的土地上
创办了金融工程专业
二是为了这个国家
培养你们这一批专业人才
在专业上
我们还在追求
宏微观金融工程的统一

我们已经完成了
教育部的重大课题
我们已经构建了
较为完整的宏观金融工程体系

我们已经有了宏观风险管理
我们又有了产业金融工程
我们还有了区域金融工程
我们正在从县域工程　一步一步地做起

我们还在写作宏观金融经济学
我们还在探讨国家金融　全球金融工程
我想我还可以工作六年
我一定要在这六年的时间里
干完这些活儿
然后再去写作　更多的诗集

我想在我退休的时候
再写一本《叶老师和他的学生们》
作为那个时候
我给你们的献礼

叶永刚
2014年4月20日
于珞珈山

写在执教三十年庆典的日子里

学生们为了让我高兴
赶到了我的老家黄陂　举办了一个庆典
我不断地追问自己
有愧吗　有悔吗
我面对自己面前的这一群笑脸
我最后终于坚定
摇了摇头

但是我不得不承认
有疏漏　有遗憾
我终于明白了一个道理
自己心有余而力不足
除我的努力之外
还有学生们的自悟和自省
我不想在自己后面的生涯中
有丝毫的懈怠
只想让学生们和我一起努力

叶永刚
2014年4月22日
于珞珈山

别忘了你手中的那支笔

——记中国银行海南省分行王方宏

在武汉大学一九九〇级国际金融毕业生
毕业二十周年返校晚宴上
王方宏同学说
叶老师　有一件事
我一辈子忘不了
您在有一年给我的贺卡上
写下了一行字
别忘了你手中的那支笔
从此这一句就像一只号角
伴随着我一生
不断地给我激励
与鞭策……

是吗　如果真是那样
我说　那也是我该说的　该做的
那好　那就让我们
为我曾经说过的那句话
干杯

叶永刚
2014年5月2日
于珞珈山

教授

他似乎什么事情也没干
就一个人站在山上　看着远方
他在思考

他看见了山下的原野　他看见了那里的农村
农民不再愿意种地了
田野还在荒芜
他想让那里改变面貌
他看见了远处的城市　他看见了城市的烟囱
烟囱依旧在冒着浓浓的黑烟
他想不仅要发展产业　而且要改善环境
他看见了世界各国的竞争　强手如林
他想到了自己的职责
要让这个国家的下一代　努力学习
刻苦钻研　铸就真正的本领
肩负起历史的使命

叶永刚
2014年5月30日
于珞珈山

听刘敏答辩

我有一种感觉
她仿佛把那个叫作通山的县域
当作一块璞玉　慢慢地雕
慢慢地琢　经过了三年的风吹
经过了三年的雨淋
然后在今天　给大家献出了
一件精心创作的作品

我听见答辩的老师在说
对于她的工作　我感到吃惊
我听见另一个老师说
你能够在山区
跑下这么多的路程

我明白了
她的项目已经初见成效了
她是通山县与武汉大学的一座桥梁
她是“武汉大学中国金融工程与风险管理中心与
通山县金融工程”项目的执行者
她是《县域金融工程》的主要执笔人
她为此发表了学位论文答辩
所需的重要学术论文
如今　她正捧着她的学位论文
站在答辩席上　侃侃而谈

而且　她已经找到了
她所喜欢的工作
到中国改革开放的最前沿
深圳　一家银行
开始人生新的里程

我在想啊
如果每一个博士研究生的论文
都像这样
去解决一个县域的经济与民生问题
那么只需数千名研究生
就可以将祖国的大地
描写得一片欢腾

讲吧　刘敏
不仅仅是你　就连我
对你的论文
都具有百分之百的信心

叶永刚
2014年5月30日
于珞珈山

我见证

——在李延东、郑小娟婚庆典礼上的致辞（摘录）

谢谢　谢谢大家
给了我们夫妇　在美丽的郑州
参加这个盛典的机会
并且让我有幸作为证婚人
在这里发言

我见证
喜欢郑小娟的男孩子
很多很多
有武汉大学的　还有非武汉大学的
有中国的　还有外国的
有白皮肤的　还有黑皮肤的

我见证　追得最紧的
还是我们的李延东
武汉大学有一座山　叫作珞珈山
郑小娟走在山上　他就追到山上
武汉大学有个湖　叫作东湖
郑小娟去到湖边　他就追到湖边
郑小娟去到北京　他就追到北京
郑小娟去到银行　他就追到银行

最后　我希望他俩
作为武汉大学培养的博士

不仅要让自己高兴
不仅要让双方的父母快乐
还希望他俩
能给更多的人带来幸福
特别是给河南和河北的父老乡亲

叶永刚
2014年10月6日
于珞珈山

来自台湾的消息

——记一位博士研究生

荣辉先生送来了
一位博士研究生的消息
由于医生已经确诊
她那难以治愈的病变
渐冻症　可怕之极
她将不可能再走完
她在大陆的学习之旅

我只有一声长长的叹息
这个世界简直离奇
居然让一个就像花朵一样的年轻生命
刚刚含苞待放
又让她　眼睁睁地看着自己
无可挽回地凋零　枯萎

我憋得难受
我简直想吼　又吼不出来

叶永刚
2014年10月6日
于珞珈山

第十一章

我们求索在2017

在樱花烂漫的春光里

题记：2017年3月25日上午，参加彭红枫老师社科重大项目开题。

武汉大学的樱花如期开放
一年又一年　花还是那样绚烂
人却悄悄衰老
我说　我感慨

我感慨过去是我开题
今天是我的学生开题了
而我永远不再开题

我感慨我过去在这个会议室
作为行政领导
参加过八年的工作会议
我过去坐的　也是今天这个位置
我现在已经　退居二线

彭红枫发言说
叶老师曾经给我们讲过《师说》
他说当老师不仅要传道授业解惑
而且要帮助学生成功
他是这样说的
也是这样做的
没有叶老师给我的帮助

就没有我的今天

杨长江发言说
我记得我上次到武大来
也是樱花开放的时候
叶老师告诉我们
武汉大学不仅有樱花树
还有一种香樟树
香樟树的落叶
也在春天飘落
它舒展着金红色的叶片
像樱花雨一样随风飘落
当它飘落时
树上已经泛起浓绿的叶片
它就是要让自己的飘落
与新叶的绽放同时进行

今天　我听到这些话语
感到格外欣慰
尽管我老了
可是这些学生们的成长
却正在　不断演绎着人类像大自然一样
枯荣相替而又生生不息的自然规律……

叶永刚
2017年3月26日
于珞珈山

王美舫来访

大年初三　王美舫
带着他的太太来访
我们忆起了过去的岁月
不禁兴奋无比　两眼发亮

还记得那一年吗　他说
那个学生叫作韩志广
他在我们最艰难的时候
将一只微笑着的蜗牛　画在墙上

王美舫　继续说道
那家伙还强调了两点
一是要学习蜗牛的韧劲
即使慢　也要一步一步地迎难而上
二是要像这只蜗牛一样乐观
微笑着面对所有的困难

谢谢你　王美舫
谢谢你们　谢谢你们在那些日子里
给我留下的美好记忆
永远像金子一样珍贵和闪亮

叶永刚
2017年1月30日
于珞珈山

在水云乡的月亮下

——记中国银行分行行长谭炯

在长江之滨的东湖之畔
有一个地方叫作水云乡
在水云乡的月亮之下
我在听谭炯谈他当行长的感想

他是我们国际金融专业的本科学生
后来读硕攻博　工作多年了
几乎每年都回到校园
并和老师们一起
共度春节时光

我记得他还是本科生时
给一位外文老师
送去一个花篮
并留下了一张卡片
祝老师身体健康
给自己的落款是
一个未来的金融家敬上
他带着他年轻时的梦想
踏进了中国银行
从一个普通的员工
干成了一家支行的行长
又从那家支行
一路干到西藏

我问他　你在西藏怎样
他告诉我
有如此的感想
在这个世界上
没有克服不了的困难
没有看不淡的事情

我又问他
你在云南分行　又有何感想
他告诉我
他不仅保持了该行的特长
而且扩大了该行的份额与总量
我与他继续讨论
首先将“蛋糕”设法做大
然后用做大的“蛋糕”
保证贡献大者的收获
并让低收入者能够分享
是否可以构建和谐社会
而又让自己的机构
领先同行

他一边点头
一边举起酒杯
鼓励老师们
和他一起喝光

叶永刚
2017年2月19日
于珞珈山

教授和他的接班人

教授在培养着他的接班人
教授非常清醒
接班人的另一个称谓
就是掘墓人

教授默不作声
加快着培养的进程
仿佛看见
“活埋”自己的泥土
正快速地
淹没到自己的头顶
教授忽然想起了一句　过去的诗句
明知山有虎　偏向虎山行
教授笑了　教授依然像往常那样
笑得灿烂　笑得开心
这就是自然规律
教授一边喃喃自语
一边想象着自己
正在泥土的掩埋之中
缓缓地　闭上自己的眼睛

叶永刚
2017年7月19日
于珞珈山

我们在三伏天的骄阳下唱歌

骄阳似火　汗水淋漓
我们在埋头工作
我们在抬头歌唱
再困难的时候
我们也充满着　必胜的信念
因为我们目标明确
因为我们吃苦耐劳
因为我们拥有坚实的基础
因为我们敢于突破现有的障碍和局限

我们从不怨天尤人
我们从不害怕困难
我们深信天道酬勤
我们倡导吃亏是福

干吧　我们已经完成了
宏观金融风险管理
干吧　我们已经完成了
产业金融工程
干吧　我们已经完成了
县域金融工程
干吧　我们已经完成了
市域金融工程
干吧　我们已经完成了
省域金融工程

干吧　我们还要再完成
国家金融工程
干吧　我们还要再完成
全球金融工程
干吧　我们愈干　愈是青春焕发
干吧　我们愈干　愈是激情澎湃
干吧　我们愈干　愈是所向披靡
干吧　我们愈干　愈是旗开得胜

叶永刚
2017年7月25日
于珞珈山

一位学生的父亲来电话

她的父亲已经多次来电话
要见我　要我为她发文章想办法
谈何容易
我的脑中　一团乱麻

一要有好的文章
好的文章无论建模还是实证
都要用心打磨
二要有杂志愿意发表
学校选发的刊物　本来就少
踏在这座桥上的　简直千军万马

能过河的要过河　不能过河的
背着抱着　也得过河
我又想起一位老教授的话语
等吧　等到回汉之后再想方设法

叶永刚
2017年8月14日
于银川

耐心

我耐心又耐心地等待
等了他将近三年的时间
他终于坐在我的面前
承认他的行为应予以纠正

我高兴地说
你今天坐在这里说这一番话语
我非常非常感动
只要你能顺利毕业
只要你能恢复团队的正常活动
其他的　都可以协商和讨论

他高兴地答应了离开了
我独自坐在办公室
回想着他这些年的往事
学生终于进步了
作为一个老师
我抑制不住内心的欣慰和兴奋

叶永刚
2017年10月15日
于珞珈山

第十二章

我们沉思在2019

小村厕所的记忆

老家村前
有一个故乡的记忆
那时候生产队里
有一个公共厕所
有人常常捧着一本书
蹲在那里

那人就是小时候的我
正因为如此
村里人给我送了一个外号 “假先生”
想不到我高中毕业后
居然当上了民办老师
村里人改口了 笑着
假先生已经成为真先生了

更想不到的是
我后来居然成为大学教授
并且快要退休了 村里该要说了
想不到小先生已经成为老先生了

叶永刚
2019年2月16日
于黄陂老家下叶塆

教授之悟

教授到老了　该退休了
才忽然醒悟了
意识到自己对不起老祖宗了
意识自己过去读关于老祖宗的书读得太少了

教授想在新的一年里
将《易经》《道德经》《黄帝内经》
这三本书
再好好地读一读

今年的春节
教授坐在老家的新屋里
安静地读《易经》
想到了这本书中
有“象”有“数”有“理”
而前些天读的《道德经》
有道有德　还有气
气象数理
这都是我们这些师者该教授的东西
可是我们过去仅仅只教给了学生
可怜的一点数与理

来得及吗
讲授已经快来不及了
可是写作呢　也许还来得及呢

也许还来得及

因为尽管我已经快要退休
可是我还有一个不算太坏的身体

叶永刚

2019年2月16日

于黄陂老家下叶塆

我在一个校外学员培训班上授课

我告诉大家
我的硕导活了九十三岁
坐在躺椅上微笑着
离开了这个世界
我的博导活了九十八岁
临走之前　还在想着
给学生们上课

我呢　牢记着先贤的古训
青出于蓝胜于蓝
如果　我不活到百岁以上
我将对不起
各位恩师
对我的期望与雕琢

叶永刚
2019年5月7日
于珞珈山

初心

走在地平线上
沐浴着初升的太阳
在想我是一个教师
永远都做一个教师　不悔
快要退休了　作为一个退休的教师
到老　不要再去争那个所谓的“一级”了
不要去给自己出所谓的“全集”了
不要去给自己写所谓的“传记”了
只是回到自己的“初心”
当一个作者　不断地写作写作
写下一本又一本的作品
留给后人

叶永刚
2019年5月13日
于珞珈山

悼念黄河

我在珞珈山的深处
又想起了你　黄河
你英年早逝
你给我留下了深深的创痛
我只想到了教给你“成功学”
而没有想到还要教给你“生命学”
我应该告诉你　应该告诉每一个学生
人生应该去攀登两座高峰
而不应只有一座

叶永刚
2019年5月17日
于珞珈山

课堂之上(之一)

我站在庄严的讲台上
此时此刻　我是播洒火种的人
我在你们的心中
播种这理想的种子
如果有一天
即使你们走到了生命的最后时刻
理想之火　还在你们心中　熊熊地燃烧
那么
作为一个老师　我可以骄傲地说
我成功了

叶永刚
2019年7月29日
于珞珈山

课堂之上（之二）

站在庄严的讲台上
迎着一双双渴望的眼睛
以及目光　我在想
年轻的朋友们
我该拿什么礼物
与你们分享

我在想象自己
左手提着一只筐　右手提着一只筐
左筐装着“成功学”
右筐装着“生命学”
我想告诉你们　成功学和生命学
都是你们　在这一辈子
应该谱写的壮美华章

叶永刚
2019年7月29日
于珞珈山

课堂之上（之三）

常常忆起
在故乡的日子里
我给中学的学生们
讲韩愈的《师说》关于老师的定义

没有想到　我会成为老师
居然从教小学一年级的学生　一直教啊教啊
教到了博士研究生　教到了博士后人员
教到了自己退休　直到依依不舍离开教室

还能让我再回到中学吗
我还想再讲《师说》及其对师者的定义
传道受业解惑　只是手段
别忘了　还有目的
那就是让每一个
从身边走过的学生
都能少走弯路
并且鹏程万里

叶永刚
2019年7月29日
于珞珈山

课堂之上（之四）

蓝天之下　课堂之上
我感受到了　我不仅仅是我自己
我也是蓝天　我也是白云
我也是太阳　我也是月亮
我也在代表着光明

走进课堂　就是走进殿堂
我不断地叮嘱自己
叶永刚　你可不能在这里　胡说八道

叶永刚
2019年7月29日
于珞珈山

二〇一九年秋天第一课

每年开学　在这个时候
我都要给新来的研究生　讲上一课
讲什么呢　讲五句话
第一句是志存高远
第二句是性格开朗
第三句是吃苦耐劳
第四句是吃亏是福
第五句是持之以恒

明年这个时候　我就退休了
就不再有机会　给研究生讲第一课了
这是我给研究生新生的最后一课
祝大家新学年健康快乐吧

叶永刚
2019年9月10日
于珞珈山

写在二〇一九年教师节

(一)

想起毕业的那一天
一批同学上了北京　走进了中南海
一批同学　走进了省政府
坐进明亮的办公室
而我　却选择了留校
成为一名普通的教师　站在讲台上
四十年转眼就过去了
我无怨无悔

(二)

教师节　在这个教师的节日里
学生们从四面八方
传来了节日的祝福
学生们的祝福是秋天的果实
仿佛珞珈山满山遍野的枝头
都被压弯了　秋风吹过　沉沉甸甸

(三)

重温过去在中学教书的日子
我曾经站在讲台上讲授《师说》
师者　传道授业解惑也
如今　我要告诉韩愈老先生
先生　那些只是手段吧
还有目的呢

老先生微微笑着　没有说
我想对老先生说
莫不是成功
我们为师
莫不是要帮学生们成功

叶永刚

2019年9月10日

于珞珈山

观李海云、范春燕夫妇

在福州　福建的这座有福之城
观范春燕和她的先生李海云
看见他俩我就想乐
我就会想起他俩　谈恋爱时的情形

他俩都是我的弟子
我作证　完全是李海云那家伙
首先追求范春燕
要知道　仅凭范春燕那模样
跟在身后的追求者
简直就是一大群
我看着简直为李海云　捏了一把冷汗
我一想　肥水不流外人田
我得为自己的弟子使劲
我让李海云
将一个最好的研究方向选定
只要他一做出成绩来
我就在大会小会上给予美评

李海云那小子心里简直高兴坏了
生气的是那一群李海云的情敌们
如今我要告诉那群竞争者
你们千万不要怪我　谁叫你们不是我的研究生

叶永刚
2019年9月23日
于珞珈山

在大鹤森林公园

题记：2019年9月22日上午，全国第十八届中国金融工程年会后，我们筹备启程，林秀清老师专程相送，范春燕、李海云夫妇为我们安排行程。

在福建　在海边
在大鹤森林公园
范春燕带着我们几位老师
在海滩上看海　留影

这是我们登上飞机前的一刻
承蒙她和她的先生李海云的一片盛情
一定要让我们看一眼浩瀚无际的大海
然后再心满意足地启程
胡志强和我还有熊和平
一起朝着礁石攀登
看着正在为我们忙碌不停的学生
胡志强说　这是此行
最为精彩的一笔
她和先生　简直在为这一笔点睛
我和熊和平感叹
是啊　对于我们这些老师来说
最大的精神安慰
莫过于这些优秀的学生

叶永刚
2019年9月23日
于珞珈山

为人与处事

不知什么时候开始
我懂得了为人与处事之间是有差别的
我觉得为人是一个“善”字
而处事则是一个“勤”字

再到后来　我又开始琢磨　“提得起　放得下”
有人说　儒家是“提得起”　道家是“放得下”
而佛家是“想得开”
我后来则认为
其实三家并无太大差别　都是在追求
“提得起　放得下　想得开”
“想得开”也是“放得下”
其实大家都在追求两个字
一个是“提”一个是“放”
问题的关键并非要不要“提”　要不要“放”
而在于如何“提”　如何“放”

其实老子已经说得很清楚了
为学而益　为道而损　损之又损　是为玄德
由此可见　处事则为“益”
处人则为“损”　不是损别人
而是损自己　不断地损下去
一直损到“玄德”之境
那么什么是“玄德”之境呢
那就是“道”了　就是“0”了

为人则是从“1”到“0”
为学则是从“0”到“1”
道者　佛者　上帝
说的难道不都是一回事吗

叶永刚
2019年9月24日
于珞珈山

公鸡、母鸡和一窝小鸡

——在章先峰、梁颖异婚礼上的致辞（摘录）

（一）

在新中国七十华诞
和爱徒章先峰大喜的日子里
感谢章先峰和梁颖异双方的父母
给了我如此难得的机会发言
我在此代表我和我的太太
向大家表示热烈的祝贺
和深深的谢意

（二）

今天当我站在这里的时候
我感到非常非常激动
尽管我还没有喝酒
却已经感觉到了　沉醉般的恍惚

（三）

我仿佛看见了
在武陵山下　在大峡谷里
在一片开满鲜花的草地上
有一只帅气的大公鸡　有一只温情的花母鸡
很快就有一只又一只小鸡娃出现
它们踏着青草地　它们啄着小虫子
它们追着大蝴蝶　它们甚至喝着摔碗酒

它们甚至唱着龙船调
正朝着我们　兴高采烈地走来

（四）

在这次迎亲的时刻
我看见了一个细节
小梁的父母　给自己心爱的女儿
赠送了一个厚厚的大红包
这不仅仅是一份礼物
而且是父母对女儿的一份厚爱
这不是一般的红包
这几乎是父母一辈子的血汗
我希望新郎新娘　一定要记住
这红包　这盛大的婚礼
都是父辈们干出来的
人生的真谛　离不开这个字　干
也希望新郎新娘
牢记父母的恩情
一辈子都要成为父母
孝顺的儿女
一辈子都要奋发有为
让父母放心

叶永刚
2019年10月4日
于恩施

教授心语

一辈子的追求
就是做好一个老师
自己不一定做到了
然而心向往之

做老师只讲耕耘　只能讲耕耘
不问收获　不能问收获
老师不会将自己说的每一句话语
都去向学生收取费用
老师也不会因为自己的付出
而捧着钱袋子去追随学生的脚步

老师最后只是站在高高的山顶上
眺望着一个个远去学生的背影
渴望着他们每一个人的生命历程
都像早晨灿烂辉煌的日出

叶永刚
2019年10月4日
于恩施

读书之思

过去多读“成功学”之书
今日醒读“生命学”之章
真正的学者应是“双峰并峙”
自觉去攀登人生的两座高峰

叶永刚
2019年10月5日
于珞珈山

第十三章

我们在希望的田野上

婚庆之喜

题记：2013年3月30日中午，在叶昂、杜芬婚礼上的致辞。

（一）

在所有我所经历的婚礼上
从来没有像今天这样激动过
因为今天喜结良缘者
是我和夫人范昌华的精心之作

（二）

想起我们走过的风雨之程
简直叫人感慨万千
前面的这几十年
我和范昌华
都是在为孩子们打工
后面留下的岁月里
我一定尽心尽力
为范昌华打工
要不然　我觉得对不起她

（三）

想起我和儿子的一段往事
那时候儿子读小学
有一天我骑着自行车
带他回家

谁知那家伙
简直淘气无比
我在往东
他扭着车头朝西
结果父子两人
摔倒在地
我从地上爬起来
非常非常生气
啪啪啪啪
朝他打去

谁知道没多久
他的语文老师
出了一题作文题　我的父亲
他在文中写道
我的父亲
真不像话
自己骑车摔倒了
不仅不向我赔礼
而且还要揍我
拿我出气

语文老师就是他的母亲
他的母亲对我毫不客气
今天在他大喜的日子里
我向他表示深深的歉意
而且诚恳地希望他在今后的日子里
不要对我报复打击

特别是有一天　当我老去

（四）

看到今天来了这么多的领导和嘉宾
我简直抑制不住自己的万分欢喜
如果我在人前的致辞和讲话　“存在水分”
那么今天我一定要亮出“干货”　即三个字
作为我给儿子和儿媳的“厚礼”

第一个字是“善”
为人就该与人为善
第二个字是“勤”
处事必须勤奋
第三个字是“乐”
不仅要让自己高兴
还得要让周围的人高兴
要让更多的人高兴

（五）

愿我们家里的婚礼
能给在座的每一位
都带来无穷无尽的欢乐
谢谢大家　谢谢

叶永刚
2013年4月5日
于蔡甸奓山

小田田老师和她的一群淘气学生

题记：小田田是叶老师的小孙女，刚上幼儿园就想学爷爷的样子当老师了，而且她招收的第一批学生就有她的爷爷，爷爷乐坏了，叶老师门下是后继有人了。

小田田在学校上了一个培训班
听老师上完课了
回到家里
她也要当老师

她找到的第一个学生
是她的爸爸
她拿出一本书
问她的爸爸学生
这是什么
爸爸学生回答 《父与子》
小田田老师批评说 不对
这是一本书
爸爸唯唯诺诺
虚心接受

她找到的第二个学生
是她的爷爷
她告诉她的爷爷学生
请您坐下
马上开始上课

爷爷要去上班
他要去给他自己的学生上课
爷爷向她请假
对不起　我下次再来吧
爷爷说完　就离开她的课堂
准备出门
小田田老师生气地说
您太淘气了

爷爷尽管挨了批评
仍然笑眯眯地离开了
爷爷想问问小田田老师
为什么爷爷挨了批评
还这么傻傻地笑着
就像小田田老师
不是在批评他
而是在表扬他呢

叶永刚
2016年11月12日
于珞珈山

叶老师门生群聊之乐

题记：教师节，学生与叶老师和范老师聚会。聚会后，大家群聊同乐，热闹非凡。摘录几段花絮以记住这个幸福和开心的日子！

叶老师发言：谢谢各位了。祝大家越来越精神，一切都顺心！

刘春霞：在群里终于盼来了叶老师和范老师，太开心了！祝叶老师和范老师节日愉快，平安喜乐，桃李满天下！群里各位老师节日快乐！工作顺利！看起来叶老师神采依旧，范老师美丽动人啊！宋师兄两鬓染白，像十六年后的杨过了；胡利琴模样未变，只是儿子居然这么大了。

叶老师插话：你们知道吗？宋凌峰终于当上爸爸了！张培一下子整出来两个儿子！金融工程真是后继有人哪。

范老师：各位，今天我和叶永刚在一片甜美真诚的祝福中度过了愉悦幸福的一天。非常感谢！献打油诗一首再谢！（掌声热烈）

涓涓细流涌师门，
前仆后继赴征程。
跨马戎装辟疆土，
悉数清声念故人！
一别无期难追寻，

诸贤盛世誉华庭，
掌控经纬写春秋，
珞珈山水见真情！

（掌声又响起来了，无数人点赞，无数人献花，无数人夸奖，范老师和叶老师简直高兴得眼泪都要流淌出来了！）

2018年9月11日
叶永刚录于珞珈山